等一人花开

民国爱情书信

吴玲 著

石油工業出版社

图书在版编目（CIP）数据

等一人花开 / 吴玲著. - 北京：石油工业出版社，2017.3

ISBN 978-7-5183-1473-7

Ⅰ. 等… Ⅱ. 吴… Ⅲ. 书信集-中国-民国 Ⅳ. I266.5

中国版本图书馆 CIP 数据核字（2016）第 224628 号

等一人花开

吴玲 著

出版发行：石油工业出版社

（北京安定门外安华里 2 区 1 号楼 100011）

网址：www.petropub.com

编辑部：（010）64523643　图书营销中心：（010）64523633

经　　销：全国新华书店

印　　刷：北京晨旭印刷厂

2017 年 3 月第 1 版　2017 年 3 月第 1 次印刷

710×1000 毫米　开本：1/16　印张：19.25

字　　数：220 千字

定　　价：36.00 元

序言

爱情啊

在那个不流行钻戒、玫瑰的年代，一封封书信承载着一颗颗赤诚之心。纸面上流淌的文字，拼凑成他们的灵魂，使后人得以窥见，他们对爱的坚定执着。所谓痴心绝对，便是如此模样。

再木讷的人，一旦心有所属，沉寂多年的热火随即点燃，为心上人成痴成魔，所展现出的热情不过是冰山一角，文字的表现力终究有限，无法道尽爱的狂热。

爱情可以轻而易举地让成熟稳重之人，显露出幼稚单纯的一面。天大地大，茫茫人海，却偏偏与之相遇，于是卸下周身戒备，不设防地相处。

一生之中，朋友众多，知己甚少，而爱人更是难得一遇。两情相悦也好，单相思也罢，那些看似荒唐可笑的小心思，都只是在表明，他是真的跌进爱的旋涡里了。

如果你爱过一个人，必定会懂其中滋味，那些隐藏在纸面背后的心情，是多么雷同。无论是热情似火，还是脉脉温情，只是想告诉你一点：我爱你啊。

如果你尚未对某个人动过心，那么正好，静下心来读一读他们的爱情，你会迫不及待想要找一个人好好爱一场。

他是你的武器和盔甲，护你安稳，保你周全。同时，他又是你的软肋，生活上的不顺心根本无法打倒你，反而是感情，影响你的一点一滴。

当他遭遇坎坷，心情消沉低落时，你多想由你去承受那样一段日子。这样茶饭不思的人是你，郁郁寡欢的人是你，紧张兮兮的人是你。因为你知道，即使是这么难挨的日子，只要他的只言片语，只要有他可以依赖，那么这些小周折，不过是过眼云烟而已。

你会抹干眼泪，像个战士一样去面对，因为你知道，在你的背后，有他的目光，一切困难，都可以如此轻易化解。只是想替他分担，只是想他了。多少浓情蜜意拥在心头，唯恐他不知道。

时间推移，感情累加，若是没有早早分手，那么就会成家立业、结婚生子，一起度过一个又一个的一百天。激情逐渐消退，热恋时的彻骨相思，热恋时的争执不休，都很难再重现了。有时你会想平淡度日也好，有时又会惆怅，这余下的日子就要这样了无生趣地度过了吗，你岂会甘心。

别担心，老夫老妻自有不同于热恋情侣的浪漫情怀。或许某天放空自己后，会疑心是不是不爱了，是不是爱少了，也害怕如此寡淡下去，终会想要逃脱。但心里总有个声音在轻轻地说，我爱你，偏执地、倔强地、义无反顾地。在经历了那么多浓情蜜意、那么多颠沛流离之后，还是心心念念。但求在今后的日日夜夜年年岁岁里，厮守至白头。

爱要走下去才知道好坏，但爱上了，又不分好坏。大胆去爱吧，寻一良人，将知心话讲给他听，将漫长余生托付在他手中。

至于其他，都暂且放下。时间会来验证每一句甜言蜜语，但不论结局如何，都要相信真的爱过。

第一章　浓情蜜意此生长相厮守

1. 缘是挡不住的潮水/徐志摩·林徽因 …………………………… 003

2. 谢谢你给我力量/朱自清·陈竹隐 …………………………… 008

3. 朝不能待夕的爱/郁达夫·王映霞 …………………………… 013

4. 革命爱情/彭雪枫·林颖 ………………………………………… 019

5. 我的快乐即是爱你/朱生豪·宋清如 ………………………… 024

第二章　缘起缘灭为情一往而深

1. 百无一用，只会想你/闻一多·高孝贞 ………………………… 033

2. 你与万事万物相连/朱湘·刘霓君 …………………………… 039

3. 要再梦见你/瞿秋白·杨之华 ………………………………… 044

4. 我俩的爱情不可灭/蒋光慈·宋若瑜 ………………………… 049

5. 扶持珍重才是长久之道/许地山·周俟松 …………………… 055

第三章　情真笃定不舍片刻相思

1. 不畏惧/鲁迅·许广平 …… 063
2. 救渡我/徐志摩·陆小曼 …… 067
3. 变成你的俘虏/朱自清·陈竹隐 …… 073
4. 爱你一念，至死方休/林觉民·陈意映 …… 077
5. 醒来觉得甚是爱你/朱生豪·宋清如 …… 084
6.原谅我的怯懦/林徽因·徐志摩 …… 089

第四章　至死不渝身在情常在

1. 你的名字是最美的情诗/朱湘·刘霓君 …… 097
2. 甜蜜着，陶醉着/瞿秋白·杨之华 …… 102
3. 做你的奴仆/闻一多·高孝贞 …… 107
4. 别离三天如三秋/彭雪枫·林颖 …… 113
5. 没有你，怎能活/瞿秋白·王剑宏 …… 118
6. 相遇即是缘/胡适·韦莲司 …… 122

第五章　情路苍茫跨越千山万水

1. 度过预定的时光/鲁迅·许广平 …… 131
2. 幸福不是不可能的/徐志摩·陆小曼 …… 137
3. 为你生，为你死/郁达夫·王映霞 …… 143
4. 放宽心，等我/朱湘·刘霓君 …… 149
5. 没有爱便没有生命/瞿秋白·王剑宏 …… 154

第六章 情系一人无往地角天涯

1. 问你安好/闻一多·高孝贞 …… 161

2. 情人朋友/胡适·韦莲司 …… 166

3. 你比想象更可爱/朱生豪·宋清如 …… 171

4. 你的所愿，赴汤蹈火以求之/高君宇·石评梅 …… 176

第七章 不离不弃穷其一生相随

1. 再也不必迟疑/徐志摩·陆小曼 …… 183

2. 古怪的感情/鲁迅·许广平 …… 190

3. 不怕，来日方长/郁达夫·王映霞 …… 195

4. 都是为你/闻一多·高孝贞 …… 200

5. 爱过方知情重/徐志摩·陆小曼 …… 206

第八章 恩爱不疑不顾相思愁苦

1. 我知道你最清晰/卢隐·李唯健 …… 215

2. 不顾流言蜚语/蒋光慈·宋若瑜 …… 220

3. 甘于守护/梁启超·李惠仙 …… 226

4. 决不再离开你/闻一多·高孝贞 …… 232

5. 怀着爱，一如既往/胡适·韦莲司 …… 237

6. 不愁幸福/恽代英·沈葆秀 …… 243

第九章　今生他世无悔情定初心

1. 你若尚在/朱自清·武仲谦 …… 253

2. 你是否可知/蔡元培·黄仲玉 …… 260

3. 只道是寻常/蔡元培·黄仲玉 …… 265

4. 不藏秘密/梁启超·李惠仙 …… 270

5. 相隔阴阳，无绝期/恽代英·沈葆秀 …… 275

6. 愿为你独身孤老/恽代英·沈葆秀 …… 278

7. 十年/恽代英·沈葆秀 …… 282

8. 永远不会老/胡适·韦莲司 …… 286

9. 我何以有这样弥久的愿望/高君宇·石评梅 …… 291

第一章　浓情蜜意此生长相厮守

1. 缘是挡不住的潮水

徐志摩·林徽因

徽因，与你相识相知是一种缘，真正如你以前所述：缘是挡不住的潮水。当汹涌的潮水向你我涌来，无尽的岁月只在潮水中澎湃……

徽，与你相识，你的典雅、你的高洁、你的大方、你的渊博，给我留下深深的美的印记。你的色彩是雪白的色彩，纯洁、典雅、高贵而不失深沉，还有你的智慧。

与你相知，你的风雅、你的单纯、你的含蓄、你的淡淡的忧伤给我刻下幻想的雕塑。你的天空是纯纯的白云天，蓝天白云中、金色阳光里你的形、你的影、你的音、你的容、你的笑、你的泪一起构成了我浪漫幻想的风景线，你是我快乐的源泉。

相识时，你是深深的古井，深深的美丽在涟漪中荡漾；相知处，你是纯纯的绿草地，纯纯的美丽在翠波中闪耀。

当我轻轻的脚步走近你的窗棂，你如水深、如水暖、如水清、如水灵，在我眼中，你是复杂神秘而奥妙的风景；当你的心扉向我敞开，展现于我心中的是另外的一个你，你的深沉、你的复杂都荡开去，沉入井的底层，留下清清澈澈、纯纯丽丽的你，你让我惊叹，让我惊喜，让我激奋……

你灵幼、纯静，翼于跳跃；你聪慧、温尔，快于感觉；你沉静、忧郁，善于寂寞；你敏感、细腻，沉于思索；你是我心中的维纳斯；你是我心中的雅典娜！

徽，摩的臂弯，愿为你营造永远的避风港；摩的胸膛，愿为你提供永远的温暖。流动的岁月里，我渴望能共你渡过春花的烂漫、夏阳的妖艳、秋雨的萧瑟、冬雪的清寒……

缘分，是世间玄而又玄的东西，想要说清楚，怕是难上加难。

与何人遇到，同天气一般难以预料，也同天气一般难以避免。或许，他与她缘分一场，不过是巧合呢？可爱因斯坦说过“巧合不过是上帝藏匿踪迹的方法”。

1920年春，林徽因的父亲林长民，以中国国际联盟同志会驻欧代表的身份赶赴英国，16岁的林徽因随之同行。1920年10月，徐志摩从美国前往伦敦，就读于伦敦大学政治经济学院。

时间在转，地点在变，志摩与徽因越来越近。

在国际联盟的一次讲演会上，他们终于知道了彼此的姓名。

志摩在《我所知道的康桥》中写道：“我在伦敦政治经济学院混了半年，正感到闷想换路走的时候，认识了狄更生先生……第一次见着他是在伦敦国际联盟协会席上，那天林宗孟先生演说，他做主席。第二次是宗孟寓里吃茶，有他。”徽因在《忆志摩》文中说，她初次与志摩相见，是在他初次认识狄更生先生的那次会见中。

事实上，志摩的记叙并不准确，未有半年之长，他来到伦敦两月左右，便与林家父女相识。一个是潇洒俊朗的有志青年，一个是情窦初开的妙龄少女，相处起来自然是分外融洽。

不出几日的光景，志摩的一整颗心便恋上了徽因，他对徽因的喜爱是热烈的。他时常来林家做客，在此消磨一整个下午的时光，与林家父女谈古论今，滔滔不绝。就在时间游走的缝隙间，志摩对徽因的感情一发不可收拾。

徽因的父亲在得知后，及时给志摩写了一封信，说道："足下用情之烈令人感怵，徽亦惶恐不知何以为答，并无丝毫 mockery（嘲笑），想足下误解了。"林长民的大度化解了彼此的尴尬，也为以后留有余地。

不久后，志摩的妻子张幼仪来到伦敦，志摩也在狄更生的帮助下，顺利取得剑桥大学王家学院特别生的资格，于是，他与妻子一道搬到距离剑桥六英里的沙士顿乡下。

相隔两地期间，志摩与徽因依旧有通信往来。张幼仪在《小脚与西服》一书中，对她的侄孙女张邦梅说："几年以后，我才从郭君那儿得知徐志摩之所以每天早上赶忙出去，的确是因为要和住在伦敦的女朋友联络。他们用理发店对街的杂货铺当他的地址，那时伦敦和沙士顿之间的邮件送得很快，所以徐志摩和他女朋友至少每天都可以鱼雁往返。他们信里写的是英文，目的就在预防我碰巧发现那些信件，不过我从没发现过就是了。"

不难想象，张幼仪是以何种心情写下上述文字。对自己漠不关心的丈夫，全心全意惦念着他人，她却说不得、恼不得，多少是有些残忍。

徽因这一端，她对志摩的感情，比起儿女情长，更多的是崇拜和欣赏。她曾在写给胡适的信中说道：“我昨天把他的旧信一一翻阅了。旧的志摩我现在真真透彻地明白了，但是过去，现在不必重提了，我只求永远纪念着。”时移物换，她对他始终保持着恰当的距离。

徽因是矜持的，她只有 16 岁，涉世未深，对于志摩如此狂热的追求，也有些许手足无措。她出身名门，自幼所接受的教育，让她冷静下来，从这段复杂的感情中抽离出来。

1921 年 10 月，徽因随父亲返回国内。1922 年 10 月，志摩返乡，并在 12 月抵达北京。不论他是否回来，他与徽因的感情终是不能有结果的，此时的徽因已与梁思成有了婚约，徽因有了真正的意中人。

来到北京后，梁启超致信志摩，苦口婆心地劝道：“义不容以他人之苦痛易自己之快乐，弟之此举，其于弟将来之快乐能得与否，殆茫然如捕风，然先已予多人以无量之苦痛。”

面对长辈的醒世良言，志摩如此答之：“我将于茫茫人海中访我唯一灵魂之伴侣，得之，我幸，不得，我命，如此而已。”实际上，此时此刻，只是他单方面的执著罢了。

徽因对梁思成早已芳心暗许，但凡闲暇时间，两个人便会相约在一处。徽因对梁思成的感情是认真的，她很确信，这才是她想要的、需要的爱情。

即便佳人已有心上人，志摩却依旧不放弃。然而，感情的事，岂是独角戏？

梁启超是松坡图书馆的馆长，松坡图书馆有两处院子，其中一处在北海公园里的快雪堂，这里幽静高雅，星期天是不对外开放的，不过这怎会难住梁思成，他因关系特殊有备用钥匙，所以周末便会约徽因来此处相聚。

志摩不甘心，他知徽因会在这里出现，便时常来寻。作为梁启超的学生、林长民的朋友，就算是来找徽因，旁人也无话可说。只是，他三番五次前去叨扰恋人幽会，梁思成对此颇为反感。随后，梁思成在门上贴了一张纸条，写着“Lovers want to be le ftalone（情人不愿受干扰）”。

为谁而写，怕是再明白不过了。志摩见此，即便心有不悦，也不得不转身离开。纸条上的字，徽因自然知晓，她没有阻止，便是默许了梁思成的举动。她清楚，她对志摩唯有友情，对思成才是爱情。

缘分分两端，徽因慎而又慎，最后与梁思成终成眷属，志摩却迟迟走不出来。即便如此，要怪就怪这挡不住的缘。

2. 谢谢你给我力量

朱自清·陈竹隐

隐：

一见你的眼睛，我便清醒起来，我更喜欢看你那晕红的双腮，黄昏时的霞彩似的，谢谢你给我力量。

人心拥有撼动一切的力量，而来自心爱之人的力量，又足以改变人心。低迷失落也好，消沉抑郁也罢，自从那个人出现，落在周遭的阳光都格外明媚。

自从妻子武仲谦去世后，朱自清独自抚养着六个孩子，从前不曾体会她为人妻为人母的辛苦，如今全部重担落在他身上，才深切感受到操持家务的繁重，单是照看几个孩子就已经让他快要发疯了。

向来不会洗衣做饭的他，少了妻子在旁打理这一堆琐事，他一个人简直度日如年。每一天，从睁开双眼精力，直到傍晚入睡，他没有片刻空闲。即便投入了大量的时间和经历，生活却依旧混乱不堪。

况且，他依靠教书养家糊口，日子始终不宽裕，即便省吃俭用，依然过得紧巴巴。生活的苦闷让他喘不过气来，他多想回到以前的日子，妻子将一切安排得井井有条，根本无须他分神。曾经回不去了，他也只得硬撑着。

一个大男人，既要工作，又要照看六个孩子，朋友们都看出他的窘迫，纷纷劝他不如再续妻室，这样不但可以缓解他的孤独，又可以帮着他照顾家庭。然而，面对朋友的一番好意，他却一再拒绝，丧妻之痛还未消散，他心里惦念着的仍旧是她。

想当初，遵从“父母之命、媒妁之言”，他与她结为夫妻，虽说是旧式婚姻，但并不妨碍他们朝夕相处积累下深厚的感情。她没有倾国倾城之貌，顶多只算得上是清秀，而且比不上其他有学识见地的才女，但数年来，她默默守护在他身边，生活中的点点滴滴全部有她的温柔，他忘不了，便只能一个人承担辛苦。

作为朱自清的好友，清华大学历史学家顾颉刚教授，不忍他在苦不堪言的日子里挣扎，时刻找机会为他寻觅合适的伴侣。对顾颉刚的热心肠，朱自清深表感激，但他不愿别人为他付出太多，于是一而再再而三地谢绝。顾教授岂是会轻易放弃的人，始终在惦记着他续弦之事。朱自清决心已下，于是写下一首《颉刚兄欲为作伐，赋此报之》的诗，以此表明他的坚定。

朱自清没有续弦的打算，但一个男人带着六个孩子毕竟惹人关注，更何况他是清华的才子精英，他的精力应该投到钻研学问中去，而不是被家庭琐碎缚住手脚。

1930 年 8 月，清皇室著名画家溥侗、清华外文系教授叶公超约朱自清去陶然亭酒楼小聚一番，其实主要目的是为了给他和陈竹隐牵线搭桥。

陈竹隐，1903 年生于成都一个贫困家庭，本就出身卑微，命运也十分坎坷。16 岁，本该无忧无虑的年纪，却遭遇父母双亡，彻骨之痛可想而知。一路艰难成长，不怨天尤人，不自怜自哀，从四川省立女子师范学校毕业后，远赴北平深造。功夫不负苦心人，最终以傲人的成绩顺利考取北平艺术专科学校。她不但师从齐白石和寿石工学习国画，还拜昆曲大师溥西园学习北昆，都是名师大家，再加上自身勤勉好学，在这两方面都颇有造诣。

过程说来简单，其中的艰辛历程，只有陈竹隐自己清楚。经历了多少个无眠的夜晚，流了多少泪水和汗水，她才站在如今的高度。

当时，从四川省立女子师范学校毕业后，为了谋生，她离开成都，先是来到青岛电话局做接线员，辛苦工作一年多，终于省吃俭用攒了些钱，随后才有机会前往北平读书。生活的苦难选择了她，她却没有任由苦难宰割，而是与之相抗衡，不断做斗争。

在众人眼中，陈竹隐是坚强独立的女性，外表柔弱，内心则十分刚强。而且，她有学识、有思想，与朱自清也很般配，他们的生活都需要一个合适的伴侣，不如尝试一下。

多年后，陈竹隐在《忆朱自清》一文中，描述了当时与朱自清第一次见面的情景："他的身材不高，白白的脸上戴着一副眼镜，显得文雅正气，但脚上却穿着一双老式的双梁子凉鞋，又显得有一些土气。回到宿舍，我的同学廖书筠笑着说：'哎呀，穿一双双凉鞋，土气得很，要是我才不要呢！'我很敬佩他，以后他给我来信，我也回信，于是我们便开始交往了。"

陈竹隐没有嫌弃略带土气的朱自清，比起他的相貌着装，她更看重的是这个男人的才华。早就见面之前，就已经对他有了仰慕之情，如今一见，他的确谈吐不凡，让她决定交往下去。

在朱自清心中，陈竹隐也留下了与众不同的印象，她有一张白皙的脸庞，头发短短的，气质极佳，与亡妻武仲谦截然不同，一个清新爽朗，一个温柔沉稳。

第一次见面之后，两个人都十分中意对方，感情也自此有了开端。

毕竟是男方，既然有意当然要主动一些。后来，朱自清便会约陈竹隐吃饭、看电影。20 世纪 30 年代的北京，自然比不得如今的繁华，那时的电影院虽不够气派，但仍是男女约会的绝佳选择。

恋爱中的女孩子最爱美，每每赴约之前，陈竹隐都会精心打扮一番，她希望将最漂亮的样子呈现在他眼前。看着身侧貌美如花的陈竹隐，朱自清感到莫大的荣幸，加上她落落大方的谈吐，更是加分不少。

开朗活泼的陈竹隐，清新亮丽的陈竹隐，慢慢让朱自清沦陷。他早已有过婚姻，甚至已是六个娃的父亲，但与她在一起之后，他才真的品尝到爱情原来是这种味道。

是陈竹隐帮他打开了全新的世界，在这里，他第一次感受到男女之间不同寻常的感情。终于，他动了情，爱上了这个姑娘。

一天，朱自清与陈竹隐约好结伴去西山观赏红叶，望着漫山遍野的红叶，陈竹隐不禁念到："停车坐爱枫林晚，霜叶红于二月花。"这本是杜牧的一首诗，朱自清听罢，片刻沉思，随后即兴改了一首唐诗："枫叶罗裙一色裁，芙蓉向脸两边开，乱入林中看不见，闻诗始觉有人来。"明白其中趣味后，陈竹隐竟害羞得脸红了起来，四目相对时，有绵绵情意流淌其间。

1931年1月28日，朱自清写信给陈竹隐，无比甜蜜地说：“隐弟，这一回我们的谈话似乎有一点和以前不同的地方，就是我们已渐渐地不大矜持了。”

两个人或是相约游玩，或是书信传情，你来我往之间，感情也随之不断升温。关系愈发亲密，自然愈发无须顾忌其他。

不善言辞，甚至稍有木讷的朱自清，对陈竹隐的爱意一天比一天深厚。是她，慢慢侵占了他的心，也在无形之中改变了他，以至于从不爱说甜言蜜语的人，会说出“一见你的眼睛，我便清醒起来，我更喜欢看你那晕红的双腮，黄昏时的霞彩似的，谢谢你给我力量”，甜蜜极了。

3. 朝不能待夕的爱

郁达夫·王映霞

映霞：

这一封信，希望你保存着，可以作我们两人这一次交游的纪念。两月以来，我把什么都忘掉。为了你，我情愿把家庭，名誉，地位，甚而至于生命，也可以丢弃，我的爱你，总算是切而且挚了。我几次对你说，我从没有这样的爱过人，我的爱是无条件的，是可以牺牲一切的，是如猛火电光，非烧尽社会，烧尽自身不可的。内心既感到了这样热烈的爱，你试想想看，外面可不可以和你同路人一样，长不相见的？因此我几次的要求你，要求你不要疑我的卑污，不要远避开我，不要于见我的时候要拉一个第三者在内。

……

你的苦衷，我未始不晓得。因为你还是一个无瑕的闺女，和男子来往交游，于名誉上有绝大的损失，并且我是一个已婚之人，尤其容易使人家误会。所以你就用拒绝我见面的方法，来防止这一层。第二，你年纪还轻，将来总是要结婚的，所以你所希望于我的，就是赶快把我的身子弄得清清爽爽，可以正式的和你举行婚礼。由这两层原因看来，可以知道你所最重视的是名誉，其次是结婚，又其次才是两人中间的爱情。不消说这一次我见到了你，是很热烈的爱你的。正因为我很热烈的爱你，所以一时一刻都不愿意离开你。又因为我很热烈的爱你，所以我可以丢生命、丢家庭、丢名誉，以及一切社会上的地位和金钱。所以由我讲来，现在我能最重视的，是热烈的爱，是盲目的爱，是可以牺牲一切，朝不能待夕的爱。

……

我和我女人的订婚，是完全由父母做主，在我三岁的时候定下的。后来我长大了，有了知识，觉得两人中间，终不能发生出情爱来，所以几次想离婚，几次受了家庭的责备，结果我的对抗方法，就只是长年的避居在日本，无论如何，总不愿意回国。后来因为祖母的病，我于暑假中回来了一次（那一年我已经有25岁了），殊不知母亲祖母及女家的长者，硬是把我捉住，要我结婚。我逃得无可再逃，避得无可再避，就只好想了一个恶毒法子出来刁难女家，就是不要行结婚礼，不要用花轿，不要种种仪式。我以为对于头脑很旧的人，这一个法子是很有效力的。哪里知道女家竟承认了我，还是要我结婚，到了七十二变完的时候，我才走投无路，只能由他们摆布了，所以就糊里糊涂地结了婚。但我对于我的女人，终是没有热烈的爱情的，所以结婚之后，到如今将满六载，而我和她同住的时候，积起来还不上半年。

……

正因为爱你的原因，所以我想解除你现在的苦痛——心不由主，不得不勉强酬应的苦痛。我非但衷心还在爱你，我并且也非常的在感激你。因为我这一次见了你，才经验到了情爱的本质，才晓得很热烈的想爱人的时候的心境是如何的紧张。我此后想遵守你所望于我的话，我此后想永远地将你留置在我的心灵上膜拜。

……

最后我还要重说一句，你所希望我的，规劝我的话，我以后一定牢牢地记着。假使我将来若有一点成就的时候，那么我的这一点成就的荣耀，愿意全部归赠给你。

映霞，映霞，我写完了这一封信，眼泪就忍不住地往下掉了。

爱情中，大抵是与各自的性格有关，有的人急于求成，有的人隐忍沉默。不论是趋于两端，或是不温不火，无是非对错之分，只要爱对了人，便是好的爱情。

能够让人心沉沦的事数不胜数，可是，除了爱情，怕是再没有什么事，能教人如此成疯成魔。只是想早早与她相爱罢了，并无他念。

郁达夫，中国现代文坛的一代大家，是创造社的主要发起人之一。他的一生，是与文字为伍的光辉岁月，不论是小说还是散文、诗词，称得上名篇的作品可谓良多。

小说集《沉沦》让郁达夫声名鹊起，在他笔下，青年人性的苦闷被描绘得直白且深刻，灵与肉的冲突展露无遗。与其说郁达夫是在代青年人传达自身的矛盾，不如说他是在吐露自己的心声。

据郁达夫的《水样的春愁——自传之四》和《自述诗》可知，13岁时，他正在富阳高等小学堂读书，随着身体的日益变化，性意识也随之萌动，与“赵家少女”曾有一段“水样的春愁”般的初恋之情，一愁竟持续两年之久，乃至后来恋人订婚，他还懊悔不已，怪自己错失良缘。

小小年纪便有了恋爱经历的郁达夫，第一段婚姻是遵从父母之命、媒妁之言的旧式婚姻。1917 年，他从日本回国探亲之际，便由母亲做主，与同乡富阳宵井女子孙荃订婚。郁达夫对包办婚姻自然不满，但对未过门的妻子，他的不满少了许多，“裙布衣钗，貌颇不扬，然吐属风流，亦有可取处”。

1920 年，已有婚约的二人正式结为夫妻，在郁达夫的坚持下，没有仪式，没有证婚人，甚至连一对红烛、一挂鞭炮都没有，就这样安静从容地成了家。夜色朦胧时，新娘子乘着一顶小轿子来到夫家，简单地吃过晚饭，便一个人回到婚房就寝。

比起鼎鼎大名的郁达夫，王映霞也不是无名之辈，她生于杭州，被赞为“杭州第一美人”，更是有“天下女子数苏杭，苏杭女子数映霞”的美誉。

1923 年，王映霞考入浙江女子师范学校，即便在人才济济的杭州女师，她仍是翘楚。最初，王映霞只知鲁迅、郭沫若，稍后，对郁达夫推崇备至。在民国时期，她与大才子郁达夫的恋爱，被称为“现代文学史中最著名的情事”，以甜蜜醉人开始，却以怨恨互厌结束，这段轰轰烈烈的爱情，引得无数人唏嘘感叹。

一是才子，一是佳人，极为容易相互吸引。一见钟情，在他们身上，似乎概率颇高。

1927 年 1 月 14 日，在上海马当路尚贤坊 40 号，31 岁的郁达夫前来拜访老友孙百刚，正是这一天，他遇到了 19 岁的王映霞。她走进他的视线，他只觉“明眸如水，一泓秋波”，颇有好感。不知是有心还是无意，他对眼前这位姑娘说：“我觉得从前在什么地方见过王小姐，好生眼熟。”

一面之缘，足以让郁达夫铭记在心。回到家后，心绪难平，他摊开日记本，写道：“南风大，天气却温和，月明风暖，我真想煞了映霞，不知她是否也在想我，此事当竭力进行，求得和她做一个永久的朋友。”

爱情让人癫狂，让人忘乎所以，只是，已有婚姻的郁达夫，跌进王映霞的柔波中，早已将妻儿抛诸脑后，此时想的，唯有王映霞一人，以及如何才能与之共缠绵。

“为你，我情愿把家庭、名誉、地位，甚而至于生命，也可以丢弃，我的爱你，总算是切而且挚了。”

“我从没有这样的爱过人，我的爱是无条件的，是可以牺牲一切的，是如猛火电光，非烧尽社会，烧尽自身不可的。”

……

笔下生花，只为表明心意。

才华至上的年代，谁能经得住一位才子如此挚爱？

“人生只有一次婚姻，结婚与情爱，有微妙的关系。你情愿做家庭的奴隶吗？还是情愿做一个自由的女王？你的生活尽可以独立，你的自由，绝不应该就这样的轻轻放弃……”读罢这番告白，王映霞很难再保持沉默。矜持为何物，怎敌得过爱情。

在《我与郁达夫》一书中，王映霞自述道：“彼此坐定后，我就和平时一样去后面倒了一杯茶出来，先递给了孙先生，然后再由孙先生递给了这一位来客。刹那间想起刚才孙先生给我介绍的，是一位好熟悉的名字啊。这样一转念，我倒自然而然地注意起他们谈话的内容来了。从什么稿子，什么书店这些词句里，我又忽然回忆到学生时代曾看过一本小说叫《沉沦》的，这一本书的作者，似乎就是刚才孙先生给我介绍的郁达夫。”

得知坐在面前的来客竟是郁达夫，她情不自禁地打量起来，随后“便又留心着他们的谈话，才听出他是孙先生在日本读书时的浙江同学，新从广州来上海的……过了一会，我到隔壁房间里去了。不几分钟，听见孙先生在招呼我，说郁先生邀我们一同出去吃午饭。我就很习惯地和他们同去了”。

纵观周围的人，怕是谁也没有留意到郁达夫细微的情感变化，当晚的他，兴致勃勃，如今想来，多半是因为王映霞。

此后，已经动情的郁达夫，寻得各种机会“再会”王映霞。17 日，约王映霞在朋友家用晚餐，餐毕送她回尚贤坊；18 日，去尚贤坊访王映霞，偏偏赶上她人未在，等了约半小时，“方见她回来，醉态可爱，因有旁人在，竟不能和她通一语，即别去”；19 日，约她共进晚餐，随后外出看电影，散场后又去吃夜宵。

喜欢一个人，最常见的表现，便是想要和她在一起。这一点，不论古今中外，皆通用。

4. 革命爱情

彭雪枫·林颖

颖：

"决心是果断的具体表现"。我俩应为我们的前途庆幸！方式虽由于"介绍"，然而"爱"乃是由同志关系、政治条件、工作利益、双方前途，特别是性格与品质、相互印象诸复杂因素而自然促成的，而逐渐浓厚起来的，尤其是在击破困难排除波折之过程中而更会浓厚起来的！倘若"轻易"而成，当不会事后回味之深长吧？比如我们的事业，要不经过艰难缔造的奋斗过程，那么巩固和壮大的程度当不如我们所愿望的那样伟大吧。当然，一种小资产阶级的恋爱观，是另一种——花前月下卿卿我我，这究竟是小资产阶级的呀！无产阶级先锋队则不然，这首先建立在政治上，工作上，性情上和品格上，自然同样也有花前月下，然而已不再是卿卿我我了，而是花前谈心，月下互勉，为了工作，为了事业，为了双方的前途！

你同意我的话吗？我想同意的吧？因为你已经在做着了。

我郑重提出：双方对对方的希望上，千万不要"过奢"，尤其是在今天，在初恋，在恋爱定局之初期。俗话说：情人眼里出西施。一般人对他的爱人，是不容易看到缺点的，所以在起初，感情无限好，但日久天长，弱点逐渐暴露，情感就会淡了。因为这里头没有辩证地观察问题，更没有辩证地认识问题，当然也不会有正确的方法去解决问题了。人都有其优良的一面和缺陷的一面的。两面相照，发展其优良的一面，同时又要扬弃其缺陷的一面，主要靠自己，同时靠他人。只要对方在基本上是可爱的，是值得可爱的，那就够了。把功夫用在相互帮助相互教育相互鼓励上，这是我党对待同志的态度，也是恋爱双方互相对待的态度。倘若能够这样，则双方情感不仅不会越来越淡，相反必会越来越浓，以至白头偕老的。古人说“君子之交淡如水”，然后才能永才能长。夫妇相敬如宾，然后才能永才能长！这里头包含着“哲理”的，你品品它的滋味。

在上述基本观点和基本态度之下，我们相爱了，这种爱才是最正当最伟大最神圣的！同时也必能是最坚持最永久的！所以，你对我的认识和了解，我知道乃是基本政治党性品格，而不是什么地位，地位算什么东西呢？同时，要求你，你必须还要了解我的另一面，急躁、激动，工作方式方法上之不够老练，对人对物有时过于尖锐，使人难堪，对干部有时态度过于严肃，加上某些场合下的不耐烦，使人拘束，涵养不到家。这一切都是我自己实行自我批判自我斗争，而同时请求你在更接近更了解的情况下帮助我去纠正的。对于你，聪明、豪爽、忠诚、多情、不怕危险困难而忠于党，这是好的一面，优良的一面，可是在另外的一面，高傲、虚荣心——像你所说的，再加上还欠切实，正是你的缺点，却需要你来努力克服的。倘若有了彻底认识，克服虽然必须一个过程，相信是会收到完满成果的。

……

亲爱的同志！一切美满的愿望，都是建立在政治、理智、情感、热心努力、互助互谅之上的！

保重你的身体！

革命年代，一场相爱，都夹杂着为国为民赴汤蹈火的忠肝义胆。

彭雪枫，1907 年生于河南省南阳市镇平县，1926 年加入中国共产党。他是中国工农红军和新四军高级指挥员，投身革命的二十年间，浴血奋战，抛头颅洒热血，是不可多得的优秀将领，更是被毛泽东、朱德誉为“共产党人的好榜样”。

林颖，原名周裕群，后改名为周玉琼，她便是彭雪枫的妻子。嫁与军人为妻，首先要耐得住寂寞，彭雪枫南征北战，夫妻二人聚少离多。林颖回忆道：“从结婚到雪枫同志牺牲的三年时间中，我们朝夕相处的时间还不到半年。”

天各一方，在那个信息传递落后的年代，书信是最牢靠的联络方式。近来的基本情况、心情好坏、工作生活上的喜忧，都要一笔一笔落在纸上。自结婚至彭雪枫去世，三年的时间中，彭雪枫以书信传情，共向妻子寄去八十余封信，有浓情蜜意，也有革命情感。

彭雪枫与林颖并非自由恋爱，二人有缘结为夫妻，少不了媒人搭桥撮合。1941 年，彭雪枫已 34 岁，但尚未成家，苏皖边区负责人刘子久和刘瑞龙替他着急起来，在几番寻觅下，认为淮宝县（现洪泽县）县委妇女部长林颖与他特别般配。

于是，在两位介绍人的一再提议下，他给林颖写了一封信，言辞恳切：“子久、瑞龙两同志的美意，使我们得有通信的机会——我很需要一位超过同志关系的同志，更多地了解我，更多地帮助我——而我心中的同志，她的党性、品格和才能应当是纯洁、忠诚、坚定而又豪爽的。”

林颖毫不扭捏，在一番思量后，她给彭雪枫写了回信，同意确立恋爱关系。彭雪枫的为人，林颖清楚得很，她愿意将自己托付给他。收到回信后，彭雪枫耐不住激动的心情，马上提笔写信给林颖，向她坦白了自己的心情：“9月，对我有特别的意义，我的生日是在9月；1926年9月2日，是我由当时的青年团转入党的日子；1930年9月，我们从长沙入江西开始建立苏维埃；而1941年9月，我的终身大事得以决定了，这叫做巧合吧。”

双方既已欣然同意，那么婚礼便提上了日程。1941年9月23日晚上，林颖受彭雪枫之邀，前来洪泽湖畔的柏树林赴约。9月24日，彭雪枫与林颖在诸多战友的见证下，正式结为夫妻。因条件有限，二人的婚房只是草草装点一番，可即便如此，也难掩喜气洋洋。彭雪枫购置了糖果、香烟，用来招待前来祝贺的战友们。

结婚当天，林颖向丈夫提出一点要求，她想婚后仍回淮宝县委工作。她有着独立的思想和社会地位，她不愿因为结婚便放弃自己拥有的事业。彭雪枫向她做出承诺，绝不会把她调到武装部队里来。一个有个性，一个有胸怀，可谓一桩美满的婚姻。

婚后第二天，战友拿出从鬼子那里缴获来的彭师长配发给他的德国造120蔡司相机，为彭雪枫和林颖拍下一张结婚照。第三天，照片洗了出来，不过此时，林颖已经返回淮宝县，继续埋头于自己的工作。

新婚开始，二人便鲜有团聚的时候。婚后不久，在组织的安排下，林颖前往抗大四分校学习。抗大所在地与彭雪枫仅十几里的距离，然而即便如此，夫妻俩仍是分隔在两处。维系感情的方式，便是一封封书信，句句叮咛嘱托，唯盼彼此安好。

彭雪枫作为高级指挥官，按理说对家属稍有照顾也可以理解，但是，在他这里，公私分明。一天，经过组织的同意，林颖步行十几里路，来到师部与丈夫小聚。午饭不久，一场倾盆大雨不期而遇，直到天色渐黑都未见停息之意。抗大有规定，必须按时返校，但眼下如此大雨，一路上泥泞难行，怕是很难及时返校。

林颖焦急万分，不知如何是好。这时，彭雪枫的警卫员给她牵来一匹马，还未等林颖启程出发，便被彭雪枫拦了下来。他义正词严地说道："没有马，天下雨就不行军打仗？如果是别的同志，送不送？"

彭雪枫的脾气，林颖是清楚的，眼前的这个男人是她的丈夫，也是部队统帅，决不会仗着自己的地位便宽待家属。与其为此事争执，不如赶紧靠自己的双腿走回去，林颖二话不说，快速挽起裤脚，迎着大风大雨，向学校走去。

当天傍晚，彭雪枫给妻子写了一封信："我是一师师长，应当处处作表率，不能搞特殊，不然，怎么能叫别人遵守制度和纪律呢？"

嫁给军人，便是嫁给了一种信仰。在国家人民面前，个人的儿女私情不值一提，为国为民，连性命都可舍弃，这便是军人的觉悟。

5. 我的快乐即是爱你

朱生豪·宋清如

心里说不出的恼，难过，真不想你这样不了解我。我不知道什么叫作配不配，人间贫富有阶级，地位身份有阶级，才智贤愚有阶级，难道心灵也有阶级吗？我不是漫然把好感给人的人，在校里同学的一年，虽然是那样喜欢你，也从不曾想到要爱你像自己生命一般，于今是这样觉得了。我并不要你也爱我，一切都出于自愿，用不到你不安，你当作我是在爱一个幻象也好。就是说爱，你也不用害怕，我是不会把爱情和友谊分得明白的。我说爱，也不过是纯粹的深切的友情，毫没有其他的意思……如果我是真心地喜欢你（不懂得配与不配，你配不配被我爱，或我配不配爱你），我没有不该待你太好的理由，更不懂得为什么该忘记你。我的快乐即是爱你，我的安慰即是思念你。你愿不愿待我好则非我所愿计及。

心之所愿，唯一个她而已。这是何等笃定的信念。

在静默中生长的爱意，蜿蜒向上，直到占据了全部思绪。这要如何说不爱她？

一言一行是她，一静一动是她。天地万物是她，宇宙洪荒是她。

拥着执念去爱的人，是勇敢的；不知不觉间被爱的人，是幸运的。勇敢的是朱生豪，幸运的人是宋清如，说是羡煞旁人，也不为过。

1911年，距离如今已有百年光景，宋清如便出生在那个久远的民国年代。素雅的旗袍，简式的发鬟，以及温润的脸庞，是旧时代新女性的模样。比起男子，她的内心更坚忍、丰沛。

宋清如出生于地主家庭，殷实优渥的家境，让她得以享受到寻常人家难以企及的教育资源。幼年，受私塾启蒙；少年，进苏女中；青年，如愿进入之江大学。小小年纪，便提出“我不要结婚要读书”的抗议。想他人之不敢想，说他人之不敢说，做他人之不敢做，这便是小女子宋清如。

人生的每一次直行或转弯，都绝非平淡无奇。

在之江诗会上，宋清如与朱生豪不期而遇。战乱动荡的岁月，彼此以笔墨互诉衷肠，从第一个字跃上纸面起，便是十年。

在倾心朱生豪之前，宋清如在家乡曾由父母之命定下一门亲事，对于父母选中的人，她无半点关心。结婚实在非她所愿，何况是这般稀里糊涂的感情，她岂能任由摆布。她一心只想读书，为了追求读书的自由，她向父母明确表态，她可以不要嫁妆。在她一再坚持下，父母只好作罢，退了婚，还了她自由。

身心再无束缚的宋清如，找到了释放本心的辽阔旷野。初到学校的她，便语出惊人，她说，女性穿着华美是自轻自贱。不只如此，她还说，认识我的是宋清如，不认识我的，我还是我。这份个性和气魄，怕是放眼现代也难寻。

拒绝了指定的婚姻，宋清如遇到了意中人——朱生豪，一个腼腆、木讷的文弱书生。如此形容他，不过是就外表而言，内心自有澎湃汹涌的热火。他们触碰到了最为真实的彼此，由此再难割舍心心相印的情意。

他们恋爱足有十年，以信传情则有九年。朱生豪的每一封信，都蕴含着一百二十分的真挚情意，想她、念她，就写信给她，脉脉深情都毫不掩饰地流淌在指尖上、眼眸中。朱生豪才不是朋友眼中“没有情欲”的人，这一点宋清如最为清楚。散落在信纸上的蝇头小字，一个接一个，构成他丰盛的情感。往往是上一封信刚刚寄出，下一封信已经开了头，纸张大小有限，想说的话儿却无限。

恋爱真是充满魔力的事情，明明不相干的两个人，竟会时时刻刻惦念着彼此。不知不觉地，便会又想起她，喜怒哀乐竟受制于另一个人，而且心甘情愿，恨不得献上一切。这便是朱生豪，用一整颗心爱着宋清如的朱生豪。

正文之前，朱生豪对宋清如的称呼也是百般可爱，有“阿姊、傻丫头、青女、无比的好人、宝贝、小弟弟、小鬼头儿、昨夜的梦、宋神经、小妹妹、哥儿、清如我儿、女皇陛下”，等等。

信末的署名，更是有趣得很，如“你脚下的蚂蚁、伤心的保罗、快乐的亨利、丑小鸭、吃笔者、阿弥陀佛、综合牛津字典、和尚、绝望者、蚯蚓、老鼠、堂吉诃德、罗马教皇、魔鬼的叔父、哺乳类脊椎动物之一、臭灰鸭蛋、牛魔王”，等等。

说朱生豪寡淡无趣的人，大抵是压根没有机会去了解他的趣味。

唯有与他最贴心的宋清如，有幸一睹其幽默有爱。

方寸之间，除了浓情蜜意，更有品诗论文的思想交流。作为宋清如的老师，在学问上指点一二是常事，一心向学的宋清如，对亦师亦友的朱生豪，满心的爱慕与崇拜。在爱情面前，哪怕是我行我素的宋清如，也不能免俗。

要说感情如此深厚，何不早日结为夫妻，纵享二人世界呢？大抵是正值时局动乱，万事都不稳妥，想要求得长久，便先要安稳。况且按照宋清如的个性，怕是从不将结婚视为恋爱的最终目的，她享受当下，慎重选择婚姻。所以，当朱生豪建议结婚时，她竟毫无欢呼雀跃，而是冷静地拒绝了他。

未能如愿，朱生豪自是有些失落，他曾致信她："在此刻，我们的处境很有些相仿，我们的家庭方面都在盼望我们赶快结婚，而我们自己都在托辞敷衍着。关于我自己，我抱着不结婚的理想，少说些也已有五六年了，起初还只是一个理想主义者的诗意的想头，伴着对于现社会婚姻制度的不满，而近年来生活的困苦的暗影更加强了我的决心。姑母他们以为我现在不愿结婚是有所期待，或者因为嫌现在收入菲薄，要等经济方面有恃无恐后再说，因此倒是相当地嘉许我。但我如说出永远不结婚的话来，她们便要说我是傻子，而且也不肯相信（按照我们的道德的逻辑，你不娶妻生子，父母生下你来做甚么……），然而我自己相信我是聪明的，虽然未免偷懒规避了'人生的义务'……"

朱生豪也未心灰意冷，他爱她，懂她，也尊重她。

他继续写信给她，看似绵软的情话，却格外有力量，宽慰她说：

“关于你，那么似乎你的理由只是怕和平常女人陷于同样命运之故，然而这并不是怎么充足的理由，因为命运的平凡不平凡和婚姻并无绝对的关系，真是一个能够自己有所树立的女子，虽结了婚也不妨碍她为一个不平凡者。不然的话，你能说一般的独身妇人比结婚者的命运更可傲些更幸福些吗？多半是反而更悲惨些……”

朱生豪原本是“不婚族”，但遇到宋清如之后，他渴望与她携手步入婚姻，期待着与她白头偕老。然而，宋清如的坚持让他胆怯，他不愿将自己的意愿强加给她，她是自由的。

如此爱她，怎么舍得让她左右为难。

他在信中给她讲了一个故事，故事不长，也并不复杂，他未说明故事的主人公是何人，但是她清楚，那个“阿 Q 式的少年”是他，而“某个女郎”是她。故事是这样的：“从前有一个阿 Q 式的少年，某个女郎是他的爱人，但他并不是她的爱人，因此你可以知道他们是一种什么关系。然而他是个乐观的人，他说，她不过是嘴里说不爱我，其实心里是很爱很爱的；因此他非常幸福地生活下去，直到有一天她把他完全冷淡了。他说，真的爱情是渊默的，真的热力是内燃的，而外表像是蒙上一重冰冷的面幕。因此他仍然非常幸福地生活下去，直到有一天她嫁人了。他说，爱不是占有，无所用妒忌而失望，而且嫁人是一回事，爱我又是一回事，她的心是属于我的。因此他仍然非常幸福地生活下去，时时去访候她，直到因为太频繁了而一天被飨闭门羹。他说这是因为她要叫我不要做傻子，既然我们的灵魂已经合成一体，这种形式上的殷勤完全是无谓而多事的。因此他仍然非常幸福地生活下去，直到老死，梦想着在天堂里和她在一起。横竖天堂并没有这回事，只要生前自己骗得过自己，便是精神上的胜利了。”

结婚与否，绝对不会影响他们的感情，他一如既往地爱着她，“谢谢你给我一个等待。做人最好常在等待中，须是一个遥远的期望，不给你到达最后的终点。但一天比一天更接近这目标，永远是渴望。不实现，也不摧毁。每发现新的欢喜，是鼓舞，而不是完全的满足。顶好是一切希望化为事实，在生命终了的一秒钟。”

只要与她在一起，就是天赐的礼物。他的快乐，便是爱她，便是让她快乐。

第二章 缘起缘灭为情一往而深

1. 百无一用，只会想你

闻一多·高孝贞

亲爱的妻：

这时他们都出去了，我一人在屋里，静极了，静极了，我在想你，我亲爱的妻。我不晓得我是这样无用的人，你一去了，我就如同落了魂一样。我什么也不能做。前回我骂一个学生为恋爱问题读书不努力，今天才知道我自己也一样。这几天忧国忧家，然而最不快的，是你不在我身边。亲爱的，我不怕死，只要我俩死在一起。我的心肝，我亲爱的妹妹，你在哪里？从此我再不放你离开我一天，我的肉，我的心肝！你一哥在想你，想得要死！亲爱的：午睡醒来，我又在想你。时局确乎要平静下来，我现在一心一意盼望你回来，我的心这时安静了好多。

旧式婚姻通行千年，为了真爱勇于反抗的痴男怨女不在少数，但大部分人就这样在父母的安排、媒人的撮合下，与无半点感情可言的一个人结为夫妻。

有些人幸福，虽是人为的姻缘，却也足够美满；有些人不幸，一生一世困在如死水一般的生活中，无波无澜，无惊无喜。

直到有一天，社会发生翻天覆地的变化，新思想、新文化铺天盖地而来，受其影响的年轻男女，开始重新审视原有的婚姻方式。没有爱情，何来婚姻？觉醒是好的，可力量尚且单薄，尤其是在父母面前，还是只能乖乖就范，比如闻一多。

1912 年，闻一多 14 岁，他顺利考取清华学校（清华大学前身）。自在翱翔的生活还未开始，新的枷锁却在悄悄靠近他，因为父母为他订了婚。没有任何商量，也没有任何拒绝的余地，除了接受，别无他法。

女方名叫高孝贞，生于一个官宦家庭，比闻一多小 9 岁。高家和闻家算来还是姨表亲的关系，将来有一日结为亲家，便是亲上加亲。当初，高孝贞的父亲听说闻一多考上了清华，便认定这孩子必有出头之日，于是主动向闻家提出定亲的事。闻一多的父母思量一番后，觉得两家既有亲缘，又门当户对，便点了头。

终身大事就这样决定了，对此闻一多并没有太多想法，他的心思全都扑在学习上，况且校内多种多样的文学艺术活动让他无暇顾及其他。伴随着丰富热闹的学校生活，定亲一事相当平静，然而终有毕业的那一天，结婚这件事是早晚都要面对的。

父母担心闻一多一旦出国留学，远在异国他乡，到时候再想约束他就希望渺茫了，而且等他几年后留学归来，他已是大龄青年，高家闺女也要眼巴巴等他四五载，细想来总归是不妥。闻一多的父母心意已定，绝不会由着他的性子，于是寄去了一封又一封的信，催促着他赶快回家完婚。

1921年年底，闻一多已经数不清到底收到多少封来自家乡的信，相隔千里，他都能从信中读出父母急迫的心情。他反复向父母表明不想结婚的念头，然而始终无法改变父母的意愿。如今他是鱼肉，只能任由命运摆弄。

争而不得，只好心不甘情不愿地回到故乡浠水，与那个依照父母之命而嫁与他的姑娘结婚。他已经做了最大的妥协，对于婚礼，他坚持免去祭祖、跪拜之礼、闹洞房等习俗。娶或不娶，他做不了主，但他依旧想要做些反抗。父母自知儿子此番有天大的不情愿，所以同意了他的要求。

大喜之日，闻一多毫不理会自己新郎官的身份，清早醒来便钻进书房，对婚礼之事不闻不问、不理不睬。家里人岂能容他胡闹，直接拉着他去理发、洗澡，随后换了衣服，仔仔细细打扮了一番。原以为一切顺利，谁知迎新的花轿已到了门口，新郎却不见了踪影，家里人一通好找，最后在书房找到了他，亲朋好友赶忙拽着他去前厅，婚礼这才开始。

积极争取以失败告终，只好消极抵抗，虽说成效不大，甚至是没有成效，但多少会让心里好受一些吧。毕竟以后的路，他不是没有试图改变过。

被迫的婚姻直接导致夫妻感情的冷漠，新婚期间，闻一多与妻子鲜有互动，他全身心投入诗歌的研究中，写就一篇两万余字的论文《律诗的研究》。婚姻已成事实，但他不愿就此举手投降，他还要继续自己想要的生活。

蜜月后，按照习俗，新娘要回娘家。闻一多在返校的路上写信给父母，特意让父母早日叫高孝贞回去读书。在妻子读书这件事上，闻一多十分坚持，他恳请父母督促高孝贞。最终，闻一多的父母安排高孝贞前往武昌女子职业学校就读。

对于妻子，闻一多秉持负责任的态度，在1922年赴美后，他仍写信询问她读书的情况，并鼓励她发愤图强，做一个有思想见地的人。为了让她意识到读书的重要性，他举了美国著名女诗人海德夫人的例子，他说“女人并不是不能造大学问、大本事，我们美术学院的教员多半是女人。女人并不弱似男人。外国女人是这样，中国女人何尝不是这样呢”。

他深知读书对人生的意义，所以他不愿自己的妻子一生只懂得相夫教子，她应该有属于自己的想法和生活。对妻子的关心，直接证明了闻一多对她态度的转变，他与妻子本质上是一样的，他们都是被迫婚嫁，同样是受害者。如此想来，他与妻子共患难，不由得多了几分同情。

说不清是何时，感情慢慢起了变化，闻一多对妻子渐渐有了思念。

1922年，闻一多身在美国，用五天时间创作出由四十二首诗构成的诗组《红豆》，对妻子的想念之情显露无遗。当初的抵触和排斥，源于对包办婚姻的不满，而在随后的日子中，他想了很多，也改变了很多。

来到以自由恋爱著称的美国，妻子又远在万里之外，对一个男人来说是个不小的考验。闻一多在写给梁实秋的信中坦言：“到美国来还没有同一个中国女人直接讲过话，而且我真不敢同她们讲话。”对热情奔放的美国姑娘们，他看见她们时，“不过同看见一幅画一般”。

1924年10月，闻一多致信梁实秋，在信的末尾抄录了一首由他创作的英文诗，以此表达对妻子的想念，他在附信中写道："人非草木，孰能无情。"无论是因何转变，闻一多对妻子已然萌生了浓浓的爱意。

原定1927年回国的闻一多，在1925年夏便返回国内，先后执教于国立艺专、国立政治大学、第四中山大学、武汉大学等。

1930年8月，闻一多受青岛大学校长——好友杨振声的邀请，同梁实秋一道前往青岛大学任教，闻一多任中文系主任兼文学院院长，梁实秋则任外文系主任。当时，方令孺任中文系讲师，主讲《昭明文选》，平日里喜好写诗，便时常向闻一多请教，一来二去自然熟络起来。

在青岛的日子逍遥极了，闻一多、梁实秋、赵太侔等七位男士每周末都会有一场小聚，后来闻一多提议让方令孺也参加，凑成"酒中八仙之数"。

1931年1月，闻一多在上海《诗刊》发表长诗《奇迹》，徐志摩看后异常激动，他赶忙写信给梁实秋，表示闻一多"三年不鸣，一鸣惊人"是他帮着挤出来的。因为自1928年出版诗集《死水》之后，闻一多再无新的诗作问世，徐志摩对此很是着急，便时常写信催促他。如今闻一多发表了新诗，徐志摩便顺理成章地以为是他催促的结果。

实际上呢，梁实秋在《谈闻一多》中说："志摩误会了，以为这首诗是他挤出来的……实际是一多在这个时候在感情上吹起了一点涟漪，情形并不太严重，因为在情感刚刚生出一个蓓蕾的时候就把它掐死了，但是在内心里当然是有一番折腾，写出诗来仍然是那样的回肠荡气。"

或许并不难猜，在感情上吹起的那一点涟漪，可能性最大的便是产生自闻一多与方令孺之间。

闻一多在诗中写道："我要的本不是火齐的红，或半夜里桃花潭水的黑，也不是琵琶的幽怨，蔷薇的香，我不曾真心爱过文豹的矜严，我要的婉娈也不是任何白鸽所有的。我要的本不是这些，而是这些的结晶，比这一切更神奇得万倍的一个奇迹……我便等着，不管等到多少轮回以后——既然当初许下心愿，也不知道是在多少轮回以前——我等，我不抱怨，只静候着一个奇迹的来临。"

诗的末尾，他等到了，"一阵异香，最神秘的肃静，（日，月，一切星球的旋动早被喝住，时间也止步了）最浑圆的和平……我听见阊阖的户枢吱然一响，传来一片衣裙的窸窣——那便是奇迹——半启的金扉中，一个戴着圆光的你"。

这首长达四十八行的诗作，展现了诗人耐心等待奇迹降临的心路历程，至于"一个戴着圆光的你"是否与方令孺有关，便是旁人的猜测了。

男女之间关系走得太近，自然容易引起不必要的误解。闻一多与方令孺也不例外，他察觉到了流言蜚语，却一言不发，没有任何辩解。1932 年春，他将妻子与孩子接到青岛，直接击碎了谣言。

旁人再好，他也只爱着妻子一人。

2. 你与万事万物相连

朱湘·刘霓君

我爱：

我前几天看到一件很有趣味的东西，一尺长的鱼，一阵总有几十个，在船走过的时候，飞起来。他们能飞几丈，几十丈远，飞时翅膀看得很清楚。鱼是很好看，可惜我不能抓住一条寄回给你看看。前天在檀香山，船停一天，我们大家多上岸玩。在一个“鱼介博物馆”内看到许多稀奇古怪的东西，有鸡一样大的虾子，两个大钳子，还有各种各样的鱼，有的扁的只有三分厚；圆的像一个桃子，有些嘴长得特别长，好像臭虫同猪的嘴一样。鱼的颜色更是好看得不得了，有些黑花上面满是黄点子，好像豹皮一般；有些上半截鹅黄，下半截淡青，好像女人穿的衣裳同裙子，腰间还有两条黑条子，那就像系一条黑缎边的淡青腰带。妹妹，我的妹妹，你说这好看不？这些鱼印的有照片，我已经买了一份。等到了学校之处，寄信方便之时，我就寄给你看看，收着——不过这些照片比起活的来，差得远了。因为活的身体透明，并且在水中游来游去，极其灵活；正像你的照片虽然照得很好看，到底不如见面之时，我能听见你讲话。

我不曾离开上海的时候，一个人住在青年会，极其想你，做了一首诗。一直想写给你看，偏偏事情太忙不能有时候写下来。如今很闲空，我的精神又好，所以就此写出来：

戍卒边关绿草被秋风一夜吹黄，戈壁的平沙连天铺起浓霜，冷气悄无声将云逐过穹苍——我披起冬裳，不觉想到家乡。

家乡现在是田中弥漫禾香，闪动的镰刀似蚕食过青桑，朱红的柿子累累叶底深藏。鸡雏在谷场，噪着争拾馀粮。

灯檠光似豆照她坐在机旁，一丝丝的黑影在墙上奔忙，秋虫畏冷倚墙根切切凄伤。儿子卧空床梦中时唤爷娘。

一声雁叫拖曳过塞冷关荒，它携侣呼朋同去暖的南方，在絮白芦花之内亿卧常羊。独留我徊徨，在这萧索边疆。

这首诗大意是说丈夫出外当兵（戍卒），秋天冷了，穿起妻子替他作的棉衣，不觉想起家乡来（第一段）。他想秋天家乡正是割稻子的时候（第二段）。到了夜间，妻子一定是对着灯光在织布机旁边坐着织布，他们俩生的小孩子一定是睡在那张本来是三个人卧的床上，在梦中还叫父亲呢；哪知道父亲如今是在万里之外了（第三段）。这父亲听到一声雁叫，便自语道："这鸟儿尚且能带着母鸟去南边避寒，偏我不能回家，这是多苦的事呀（第四段）！"这首诗有些字怕你不知意思，我就解释一下：边关是长城，戈壁是蒙古的大沙漠之名称，在长城北，穹苍是天，弥漫是充满，镰刀是割稻，累累是多，鸡雏是小鸡，灯檠是点灯芯的豆油灯，塞、关都是长城，携是带，侣是伴，就是妻子（母雁），絮白芦花是同棉花一样白的芦花，常羊是游玩，徊惶是徘徊，就是走来走去，萧索是荒凉，边疆是靠近外国的地方。

天边的云朵是她，路旁的花花草草是她，甚至，呼吸着的清新空气也是她。横竖反正，爱上了她，她便与万事万物相连。

总是在不经意间想念，完全不受控制，可这甜蜜的味道，让人着迷得不可救药。心甘情愿地受她摆布，成为她忠诚的臣子、虔诚的信徒、听话的俘虏。

朱湘，20 世纪 20 年代清华园的四个学生诗人之一，与饶孟侃、孙大雨和杨世恩并称为“清华四子”，是中国现代诗坛上举足轻重的诗人。

梁实秋是朱湘的同学，他用“神经错乱”四个字来形容朱湘，虽说听起来不怎么顺耳，不过倒也有几分道理。朱湘，一个孤傲、敏感的诗人，在旁人眼中，他总那般偏激，与常人大有不同。

然而，从他写给妻子刘霓君的九十四封信来看，哪里有半点高傲自负、隐晦萧瑟的影子。字里行间，透着清丽幽雅，爱之纯纯，心之切切，一字一句皆出自款款深情。也许，是爱情给了他新生的灵魂。

朱湘的童年充满悲情色彩。三岁时，母亲因病去世；十一岁时，父亲也久别人世。在最需要父母呵护的年纪，却偏偏承受着双亲故去的悲痛。父母不在，朱湘由哥哥养大成人，由于存在较大的年龄差，他与哥哥多少有些隔阂。少了父母的疼爱，在兄长这里又得不到关怀，他的童年注定要与孤独寂寞为伴。

心事无处诉说，无人倾听，他便以诗抒怀，久而久之，竟名扬当地文坛。这时，生命中最重要的一个人登场了，她便是刘霓君。

朱湘与刘霓君早有婚约，是由双方家长指腹为婚，是父母之命，却不是他的选择。从懂事起，面对由父母决定的未来媳妇，朱湘心中有千万个不愿意。当父亲去世后，他借着去清华上学的机会，才摆脱了这场婚姻。

来到北京，广阔的世界任他驰骋，无拘无束的日子着实妙不可言。一天，大哥前来探望他，正当兄弟二人寒暄之际，朱湘目光一转，突然发现不远处的刘霓君。她望着他，鼓足勇气慢慢说着她读过他的诗歌，言语之间透着无法掩饰的崇拜。只是，朱湘毫不客气地打断了她的话，直接剥夺了她与他聊天的权利。

看到她在，朱湘已是怒火中烧，他最不愿看到的人就是她，谁知，她竟还壮着胆子来找他。所以，他不顾情面地转身离去，哪有心情去管伤心哭泣的刘霓君。回到学校，他认真盘算着，将赴美留学当作彻底摆脱这桩婚姻的最佳方法。此次赴美，短则一年，长则几年，毕竟女孩子家是等不得的，解除婚约是迟早的事，他只需要耐心等待即可。

然而，还未等到安然出国，清华学堂却贴出了开除朱湘的布告。原来，为了抵制学校早点名制度，他竟二十七次未到，清华校方忍无可忍，便做出开除的决定，以示警告。

有热心的好友愿为他争取改过自新的机会，却被朱湘直截了当地拒绝了。他直言道："清华的生活是非人的，人生是奋斗的，而清华只钻分数；人生是变换的，而清华只有单调；人生是热辣辣的，而清华只有隔靴搔痒。至于清华中最高尚的生活，都逃不脱一个假，矫揉！"

敢如此明目张胆痛批清华的人，朱湘算是头一号。

1923年冬，在凛冽刺骨的寒风中，朱湘告别清华园，告别北京，动身前往上海，全身心投入诗歌的创作中。巧的是，刚到上海不久，他得知刘霓君与他同处一地。原来，刘霓君的父亲在不久前去世，狠心的兄长将家产独占，不得已之下，她只得只身来到上海自谋出路。出于同情，朱湘认为他理应去看望一下刘霓君。

1923年冬，朱湘穿过由一间间破旧房屋构成的厂区，来到纱厂的洗衣房，望着残破不堪的厂房，望着低头洗衣的刘霓君，在他心中的某个角落，有些什么东西陷了进去。从前待她的那副冰冷心肠，忽地一下子，变得柔软起来。

自上次不欢而散之后，也有许久未见了，可这一次，刘霓君唯有沉默。朱湘望着她，也不知该说些什么才好，于是，便是静默相对。最后，还是刘霓君先开了口，她淡淡说了声："谢谢你来看我。"

朱湘不作声，只是不住地摇头。刘霓君没再多说什么，慢慢转过身，一言不发地走进洗衣房。屋里的热气腾腾，淹没了刘霓君的身影，朱湘却站了许久未动。最终，朱湘决定，接受这场旧式婚姻。他来到刘霓君面前，安慰几句后，便拉着她的手走出纱厂宿舍。他告诉刘霓君，他要与她结婚。

厌恶、同情、深爱，朱湘对刘霓君的感情发生了翻天覆地的变化，并没有人从中劝说，全是他自我感情的逆转。

3. 要再梦见你

瞿秋白·杨之华

之华：

今天接到你2月24日的信，这封信算是走得很快的了。你的信，是如此之甜蜜，我像饮了醇酒一样，陶醉着。我知道你同着独伊去看《青鸟》，我心上非常之高兴。《青鸟》是梅德林的剧作（比利时的文学家），俄国剧院做得很好的。我在这里每星期也有两次电影看，有时也有好片子，不过从我来到现在，只有一次影片是好的，其余不过是消磨时间罢了。独伊看了《青鸟》一定是非常高兴，我的之华，你也要高兴的。

之华，我想如果我不延长在此的休息期，我3月8日就可以到莫斯科，如果我还要延长两星期那就要到3月20日。我如何是好呢？我又想快些快些见着你，又想依你的话多休息几星期。我如何呢？之华，体力是大有关系的。我最近几天觉得人的兴致好些，我要运动，要滑雪，要打乒乓球，想着将来的工作计划，想着如何的同你在莫斯科玩耍，如何的帮你读俄文，教你练习汉文。我自己将来想做的工作，我想是越简单越好，以前总是“贪多少做”。可是，我的肺病仍然是不大好，最近两天右部的胸膛痛得利害，医生又叫我用电光照了。

之华，《小说月报》怎么还没有寄来，问问云白看！之华，独伊如此的和我亲热了，我心上极其欢喜，我欢喜她，想着她的有趣齐整的笑容，这是你制造出来的啊！之华，我每天总是梦着你或是独伊。

梦中的你是如此之亲热。哈哈，要睡了，要再梦见你。

世界上走走停停着形形色色的人，他们有着与他人些许不同的习惯，然而关于爱情，恋人不在身边便会时刻想念，是通有的习惯。

睡觉这件事，休息只是目的之一，想要梦见她，才是最重要的一点。快些睡着吧，梦里去与她相见，与她相拥，消除现实的距离感，得享这片刻欢愉。

瞿秋白，1899 年 1 月 29 日生于江苏常州一个日益衰败的官宦家庭。作为中国共产党的早期著名领袖，一心为国为民，于 1935 年 6 月 18 日在福建长汀牺牲，豪迈壮阔的一生就此终结。

瞿秋白有两次爱情，王剑宏是他的第一个爱人，她与著名作家丁玲是挚友，聪慧端庄，是新时代的女性。二人相知相识，还未半年，便确信对方是今生所爱，随后结为夫妻。

一个好的爱人，往往扮演着多重角色，瞿秋白与王剑宏在一起，二人亦师亦友，不但有着共同的革命志向，而且同样热爱文学。满是侠肝义胆，又不乏文人气质，他们的结合可谓天造地设的一对，如此般配的两个人，自然用不着磨合，婚后的生活有昂扬的斗志，也有浪漫的情趣，颇惹人艳羡。

可惜，命运终究不圆满，恩爱有加的日子仅 7 个月，王剑宏便因肺结核去世。生离与死别不同，前者或许还存在有缘再相见的可能，后者则完完全全是要将希望寄托于来世，更残忍，更不留情分。

人死不能复生，生活还要继续，如若王剑宏在天有灵，定是不愿看到爱人日日郁郁寡欢的样子。生死由天，岂是人力可以改变的。

兜兜转转，瞿秋白遇到了第二个爱人——杨之华。爱情存于心，终是不会断绝，他曾深爱过一个人，感情结束后，并不影响他全心全意去爱另一个她。

与瞿秋白结识之前，杨之华已是有夫之妇，并育有一女。1900 年，她出生于浙江萧山一个没落的绅士家庭，长大后亭亭玉立，十里八乡皆知有这样一个美人。曾在浙江女子师范学校读书，有思想有主张，绝非华而不实的花瓶摆设。

明媚的青春中，怎能少了一场轰轰烈烈的爱情。20 岁时，杨之华与沈剑龙因爱结为夫妻，一时间羡煞旁人。沈剑龙的父亲沈玄庐，是浙江赫赫有名的开明士绅，没有半点迂腐之气。沈剑龙喜诗词、爱音乐，与杨之华志趣相投，日子过得有滋有味。完婚后沈剑龙萌生离开家庭独自谋生的打算，得到家人的支持后，这对新婚夫妇便来到上海开始独立生活。

上海这座繁华的城市，以其宽广的胸怀包容着来自天南海北的人们。初到上海，一切都是如此新鲜，原本立志要自谋生路的沈剑龙，却在灯红酒绿的生活中迷了眼，忘了来到这里的初衷，彻底堕落了，每日不思进取，唯有纵情享乐。更过分的是，他忘了结发妻子，忘了海誓山盟，开始寻花问柳，拈花惹草，十分不检点。

但凡有过深爱之人，必然能够体会杨之华的愤懑和失望。两情相悦不易，白头偕老更是难上加难，一路上诱惑如此之多，竟然轻易地变了心，让苦苦守候他的人情何以堪。况且，杨之华此时已产下一女，她为女儿取名为“独伊”，意为只生这一个孩子。说起爱，她依然心存旧念，但是谈起恨，也丝毫不会少。

杨之华不愿受怨恨所困，她想要新的出路。

1922 年，杨之华独自来到上海，决心投身妇女运动，由此与向警予、王剑虹等人结识。1923 年年底，功夫不负苦心人，她顺利被上海大学社会学系录取，与旧时光作别，开启全新的生活。

人生路周折往复，走了那么多弯路，或许是为了与他相遇。此时，瞿秋白正是社会学系的系主任，他相貌堂堂，且学富五车，在学校中颇有威望。当杨之华第一次听完瞿秋白的课后，便对他佩服得五体投地。

她回忆第一次见面，写道：“那天，他进来的时候，穿着一件西装大衣，拿着一顶帽子。他的头发向后梳，额角宽平，鼻梁上架着一副近视眼镜，跟他的脸庞很相称。他站在讲台上，亲切的微笑着，打开皮包，取出讲义和笔记本，开始讲课了。他的神态从容，讲话的声音不高……”他的一言一行都落在她的眼底。

杨之华勤勉好学，积极参加社会活动，慢慢地，便与瞿秋白熟络起来。面对如此优秀的学生，瞿秋白自然是很欣慰，还做了她的入党介绍人，大力推荐她成为党员。如果一直停留在师生情分上，或许就没有以后的故事了。

“情不知所起，一往而深”，也许这便是爱情的模样，总是在不知不觉间有了变化。然而，当杨之华意识到她与瞿秋白之间有了爱情的萌芽时，她竟有些茫然，甚至夹杂着些许矛盾。

大胆去爱，还是悄无声息地隐藏，杨之华不知道该怎么选择，她只好逃避这个问题。于是，她回到萧山母亲家，避免自己因冲动而酿成大错，不妨先静一静。与迟疑的杨之华相比，瞿秋白要镇定得多，他苦苦思索，既然杨之华的丈夫已然背叛了她，他们之间的爱情已经结束，他为何不能去爱她呢？既然真心爱她，又为何不光明正大地告诉她。

考虑清楚后，瞿秋白决定正视自己的感情，与其退缩，不如去尝试。于是，在暑假期间，瞿秋白来到了萧山杨家。巧的是，沈剑龙此时正在杨家，原本以为火药味十足，却不料原本是情敌的两个人，居然一见如故。沈剑龙十分仰慕瞿秋白的品行和才华，明知他爱上了自己的妻子，竟然不怒不恼，而是选择平心静气地来一场谈判。

一切都那样平静，三个人先是在杨家谈了两天，随后沈剑龙把瞿秋白与杨之华一道接回自己家。有着感情纠葛的三个人互诉衷肠，两天后，瞿秋白又将沈剑龙与杨之华接回常州，继续谈同一个问题。

瞿秋白的家破败不堪，家中甚至连把椅子都没有，三个人丝毫不介意，坐在一张破旧的床上接着谈，心中的所想所感，毫无保留地说出来，不带有一丝隐瞒。

连续几天的谈心后，三个人达成一致，决定在《民国日报》上同时刊登三条启事：一是沈剑龙与杨之华离婚启事；二是瞿秋白与杨之华结婚启事；三是瞿秋白与沈剑龙结为好友启事。

结交了挚友，谈妥了爱人，三个人各得其所，欢欢喜喜地开始各自的生活。

4. 我俩的爱情不可灭

蒋光慈·宋若瑜

亲爱的瑜妹：

五月二十九日的信收到了。

你千万不要生气！你的学生所以这般的设法挽留你，亦不过是过于爱你，不愿与你离别，并没有什么恶意。我并不因为她们写信怨我生气，我很原谅她们，我请你也原谅她们罢。你不必认真与她们计较，伤了感情倒是很不好的事情。

你决定下学期不在二女师教书了，我极赞成。你还是在求学时代，现在应有求学的机会，无论进学校或是自修，但还是要求学。

你决定暑假来北京看我，安慰安慰我们六年来的相思，这是我唯一希望的事情！我的瑜妹！我相信你，我相信你决不至于不践约！固然，真正的恋爱不必斤斤于见面的迟早，但是我们都是人，都具有通常的人的习惯，——早些见面总比迟些见面好些；会聚总比不会聚快乐些；握着手儿谈话总比拿起笔来写信要舒畅些。我的瑜妹！你以为？

你因为了解我，相信我，才能这般诚恳地，热烈地爱我，——我的瑜妹！这是实在的，我相信你，我相信你。“侠僧究竟能否永远爱你……”这也是很自然的疑问。凡是一个人过于恋爱某一个人的时候，常常要起许多疑问，发生许多猜度。不过，我的亲爱的，你可不必这样地疑问；你倘若相信自己能永远地爱侠僧，那同时也就可以相信侠僧能永远地爱你了。我的瑜妹，请你放十二分的宽心罢！

读了你这一封信，我更觉着有无限的愉快！我并不以为你是一个贪生怕死的贵族式的女子；不过我有时却想到，通常因物质生活的关系，或因思想的不同易发生爱情的阻碍。这个我当然不能以为你将来不能同我共甘苦，不过我也同你一样，常常起一些疑问罢了。读了你这封信，我觉得我这种疑问是不必的，此后我在你身上将不发生任何疑问。凡是你所说的，我都完全领受，我都完全相信。我的瑜妹，你是我司文艺的女神，你是我的灵魂，我怎能在你身上发生疑问呢？

海可枯，石可烂，我俩的爱情不可灭！

我的瑜妹！

祝你珍重！

每个人自出生起，月老的红线或许就已经系在了身体的某一处，要不然，素未谋面的两个人，怎么竟能相识相爱呢？

1903 年 5 月 27 日，宋若瑜生在河南汝县农村，家境贫寒，因难以维持生计，父母便带着她四处漂泊，最后在开封落脚。她原本有九个兄弟姊妹，却接连去世，最后只剩下她这么一个女儿。在宋若瑜身上，父母寄托了全部的希望，他们省吃俭用、节衣缩食，只为多攒些钱供她读书，等有朝一日他们老了，能够有所依托，不再过颠沛流离的生活。

1919年，宋若瑜加入青年学会，她是学会中唯一一个女性。她加入后，青年学会的秘密联络点便设在她家，并创办《青年》作为会刊。《青年》对于宋若瑜的意义，不单是她的事业，还是她与爱人蒋光慈的红线。

此时，蒋光慈远在芜湖，无意间从同学那里了解到青年学会，对他们的宗旨颇为认同，并以青年学会的外省籍会员的身份为《青年》积极写稿撰文，大胆阐述自己的思想。他在《青年》第四期上发表的《谈李超传》，第五期上发表的《我对于自杀的意见》，不仅颇有见地，更是透着磅礴的气势。

见文如见人，宋若瑜读过蒋光慈的文章后，心生倾慕之意。她才不是忸怩做作的女子，有心相识便有所行动，在1920年初夏，她斟酌字句，给蒋光慈寄出了第一封信。不多时，蒋光慈的回信便来到了她的手中，展信愉快，自此后，二人开始了书信往来，这一写就是六年。

爱情总是要有一个主动的人，去给这段感情一个开始。

蒋光慈，1901年出生于安徽霍邱白塔畈，年长宋若瑜两岁。15岁时，因不满校长欺凌贫困学生的行为，便将校长狠揍了一顿。如此一来，被校方开除是意料之内的事。于是，转入芜湖五中，凭借出众的能力才华，被推选为该校学生自治会副主席。

宋若瑜来信后不久，在上海，蒋光慈与她的老师曹靖华相遇，他们一同在共产国际兴办的“外国学社”学习俄语，随后便同刘少奇、任弼时一起赴莫斯科东方共产主义劳动大学学习。出于好奇，他便向曹靖华详细了解蒋光慈的情况。

1924年，从莫斯科留学归来后，蒋光慈来到上海大学任教。回国后的第一件事，便是多方打听有关宋若瑜的近来情况。在他出国期间，宋若瑜也没闲着，她在女子师范读书时，积极参与学生运动，组织"女子同志会"，并出版《女权》半月刊，因最终为学校所不容，被学校开除后考入南京东南大学教育系。奈何因贫困无力承担学费，又因染了肺病，草草读了两年便休了学。离开学校后，在朋友的帮助下，来到信阳二中教书。得知她身在何处后，蒋光慈赶忙写信给她，这也是他回国后提笔写的第一封信。

日久生情，这种感情，一旦有所意识，揭开面纱后，才发现感情已然如此浓烈深厚。

1925年年初，放了寒假后，宋若瑜便回到父母身边。她得知好朋友余培之结婚半年未到，夫妻俩的感情却已经恶化到极点，一时间，在她的心头蒙上了一层阴影。对于婚姻，如若是这般不堪岁月的打磨，倒不如独此一生。

了解到宋若瑜有了恐婚的苗头，蒋光慈一下子慌了，他可是抱着成婚组建家庭的打算。他仔细考虑了一下，虽说他们二人书信来往的时日已经不短，却还从未见过彼此，甚至对双方的相貌没有任何印象。早些时候，宋若瑜答应寄来的照片被她的朋友拿了去，此后便再没说要照片的事。

经过一番思量后，蒋光慈认为，单凭通信联络感情不能长久，况且宋若瑜对婚姻心生恐惧，他还是应该尽早安排与她见面。不过，眼下重中之重是劝导她对婚姻的看法。于是，他便给她写了一封长信，详细分析了婚姻与恋爱和生理的关系。实际上，宋若瑜并无真心独身的打算，更多的是为好友的际遇感到伤感和无奈。

2 月 16 日，蒋光慈栽种兰花的时候，意外收到宋若瑜的照片，巧合的是，用来包裹照片的信纸上，竟然印着兰花的图案，这让他有着莫名的喜悦。一切都是天意，一切都是注定，让他与她相识，随后相恋。

1925 年 4 月中旬，蒋光慈到中共北方局工作，李大钊派他去冯玉祥部担任苏联顾问的翻译，工作繁忙，且常奔波于北京、张家口两地。他将恋人的照片时刻带在身上，但凡有空闲，便会拿出来端详一番，越看便越思念，便越想早日见面。4 月 16 日，蒋光慈将自己的照片寄给宋若瑜，并一再叮咛她早日来北京与他相见。

思念愈发浓烈，蒋光慈想念宋若瑜，宋若瑜何尝不在想念他呢。

1925 年暑假，宋若瑜决定前往北京，与相恋六年都未曾谋面的恋人一聚。7 月 18 日，得知宋若瑜即将来京的消息，蒋光慈立马向上级请假，却被拒绝，平日里一向温和的他，竟急得与上级吵了起来。他们不许他走，为了顾全大局，他强忍着熬到 20 日，朝思暮想的爱人马上抵达北京，他顾不得别的，一溜烟跑去了火车站。

无数个辗转反侧的夜里，他勾勒着她的音容笑貌，终于等来了她。火车还未进站，蒋光慈已是兴奋得不能自已，他望着由远及近的火车，心脏扑通扑通跳得厉害。

火车上的宋若瑜同他一样，有说不出的激动。透过车窗，她望着站台上那个陌生又熟悉的身影，六年来的想念拥在胸口，泪珠不由自主地便掉了下来。

六年的光阴，终于在这一刻见到彼此，那些感慨万千的话说不出口，只想好好看着彼此。此时，无声胜有声，沉默却更有力量。他们相拥在一起，感受着彼此的气息，情愿永不分离。

他们一同住进旅馆，静静享受着难得一见的温情。可惜，蒋光慈公务缠身，不得不匆匆说再见。

5. 扶持珍重才是长久之道

许地山·周俟松

六妹，好伴儿：

今天接到你4月13日的信，想那封飞机信是丢了。昨天接北京汇来英金三十镑，大概是燕京来的，今天不能取，到明天才能知道。那封丢了的信，你大概地告诉我小说稿接到了。方才又接到上海的信，傅东华来的，说小说稿已接到，登在七月号上。上两封信给你说的电影计划，进行了没有？我看是很有希望，你想怎样？哥七月底将到家，若钱来得早，早走，也许六月初离此地，游行两星期，七月中到平。

妹看好不好？妹请人写起来，挂在卧房里，好不好？

“夫妇间，凡事互相忍耐；如意见不合，在说大声话以前，各人离开一会；各以诚意相待；每日工作完毕，夫妇当互给肉体和精神的愉快；一方不快时，它方当使之忘却；上床前，当互省日间未了之事及明日当做之事。”还有一两条，不甚重要，不必写。妹妹，你想这几条好不好，咱们试试吧。哥实在没给妹委屈，平心而论。但以后，咱们不会再争吵了，我敢保，我知道妹真爱我。

妹，你应当告诉我的许多事，都没告诉我，我在此地，要像在家一样知道家里的事，蕙君常来吗，老太爷心境如何？妹，为何不写信？

令人羡慕的婚姻大多类同，他们倾心爱着对方，懂得包容、理解，所以生活中的琐碎也好，烦忧也罢，都无法摧毁他们的感情。

事在人为，感情的悲欢离合也是如此，几家甜蜜几家愁苦，决定生活走势的不是天意，而是人心。多一份扶持，多一份珍重，感情自会长长久久。

许地山是中国现代著名小说家、散文家，也是五四时期新文化运动先驱者之一。四十余载人生之中著作颇丰，耳熟能详的有《花》《落花生》等。

他一生中有过两次婚姻，第一次婚姻是与林月森，两人育有一女。遗憾的是，1920 年，林月森在前往北京的途中，不幸于上海病逝。他的第二次婚姻是与周俟松，六妹儿便是许地山对她的爱称。

冥冥之中，或许真的是有缘分，如若没有，怎么来解释人与人之间的相遇相知呢。

许地山与周俟松第一次见面的场景有些特别，那时候周俟松还是个懵懵懂懂的中学生，在五四运动的游行队伍中，她见到了许地山，但并没有一见钟情的桥段。不久后，在接待俄国盲诗人爱罗先珂的欢迎会上，周俟松第二次见到了许地山。当时许地山是助教，表现得很是活跃，周俟松远远望着他，依旧没有激起感情的涟漪。

一见倾心的感情有很多，但更多的是日久生情，而且后者让人觉得更为稳妥。

不论是第一次还是第二次见面，两个人遥遥相隔，并没有交谈了解的机会，直到在熊佛西家，才算是真的认识彼此。那时，周俟松已是北师大数学系的一名学生，她家与熊家住在石驸马大街，熟识的机会自然多了起来。

想当年，许地山还在燕京大学读书时，他便已是名声在外。他是文学研究会的发起人之一，而且精通钟鼎文、梵文，加上一年四季常是一身黄对襟棉大衫，留着长发，蓄着山羊胡，所以人称“三怪”才子。如此特征鲜明的一个人，给周俟松留下了极为深刻的印象，她回忆说：“多见了几次，感到他学识渊博，感情丰富，逐渐互相爱慕。”愈是对他多加了解，愈是抑制不住内心翻涌的情感，由仰慕到爱慕，不过是时间问题。

谈及与夫人的相知相爱，许地山颇为感慨道：“幸而你没有进燕大，我是不会和学生谈恋爱的。”周俟松幸好是考进了北师大，而不是燕大，否则就许地山的脾气秉性，两个人就没有后来的琴瑟相和了。不过，假设周俟松真的是燕大的学生，或许许地山根本抵挡不住缘分来袭。

1923 年，许地山远赴美英留学，1927 年才缓缓归来，先后在燕大、北大、清华和北师大等学府任教。已经立业，自然该考虑成家的事了，周家曾极力反对二人的婚事，然而许地山与周俟松两情相悦，慢慢也得到了周家的认可。

婚姻是对爱情最无言的承诺，甘愿用一生相守的人，必然是做好了珍爱一生的打算。

1929 年 5 月 1 日，许地山和周俟松在北京中山公园的来今雨轩举行了婚礼。在这一天，周俟松的日记中记着："风和日朗我们于九时行婚礼。"其实这是许地山所写，在几十年后的 1977 年 6 月补注道："日记之一页上为许地山注字。"无论是他还是她，总而言之，自这一天开始，他们结为夫妻，对彼此都有了与众不同的意义。

婚礼之所以选定在来今雨轩，是周俟松的想法，一是文学研究会的成立大会曾在这里召开；二是来今雨轩向来是文人墨客的喜好之地，每每到京，必然会前来这里。当天前来祝贺两位新人的宾客，有蔡孑民、陈援庵、熊佛西、朱君允、田汉、周作人等，皆是新郎新娘的一众好友。

婚礼只是一个形式，真正的夫妻生活才刚刚开始。

他们将周家的二进院作为新房，从后窗望去，后花园的八角木屋、丁香树及枣树尽收眼底，趣味颇多。五月一日是他们的结婚纪念日，于是以后的每一年，他们都会在这一天照一张全家福，以此作为成为一家的纪念。

许地山与周俟松的甜蜜生活，是最为令人羡慕的，心心相印的感觉，怎能不叫人向往。

因为妻子爱看故事，许地山便专门为她翻译了《孟加拉和印度民间故事》，知其喜好而投其所好，这大概就是一种宠爱吧。许地山写作时，最爱让妻子陪在身边，每每有新奇的想法，总会与妻子讨论，两个人相对而坐，畅所欲言，有时兴趣正浓，甚至会聊到深夜。

许地山曾对周俟松说道："泰戈尔是我的知音长者，你是我知音的妻子，我是很幸福的，得一知音可以无恨矣。"这一番话，带着他的款款深情，此生得以与她相遇，真是莫大的福分。

爱意正浓，奈何生命短暂，岁月又匆匆，还没爱够，却走到了人生尽头。

1941 年 8 月 4 日，许地山病逝于香港罗便臣道寓所，时年 49 岁，还未过半百。周俟松去世时，享年 90 余岁，已算是高寿。在没有丈夫陪伴的几十年间，她自己一个人守护着他未完成的事业，为他编书，为他写文章。他离开得早，但并不代表他们之间的感情也就此结束。

晚年，周俟松忆及当年，以满是幸福的口吻说道："虽然我和地山共同生活只有十二年，但他对我的帮助和情感，是毕生难忘的。"她不会忘记昨日种种，那份感情如此深厚，早已镌刻在身体的每一处。

1928 年 12 月 19 日，许地山给周俟松写了第一封情书，情意绵绵，纵然跨越近百年，如今读来，仍旧动人心弦："自识兰仪心已默契，故每瞻玉度则愉，慰之情甚于饥疗渴止。但以城郊路遥，不便时趋妆次表示眷慕和衷，因是萦回于苦思甜梦间未能解脱丝毫，既案上宝书亦为君掩尽矣。本月二十六日，少得一日之暇，如君不计其唐突，敢于上午十一时趋府侍君，与令七妹先至公园一游，然后往观幕剧。耑此敬约，万祈赐诺，顺颂。"

第三章　情真笃定不舍片刻相思

1. 不畏缩

鲁迅·许广平

小刺猬：

在听说上海北平之间的信件，最快是六天，但我于昨天（十八）晚上姑且去看看信箱——这是我们出京后所设的——竟得到了十四日发的小刺猬信，这使我怎样地高兴呀。未曾四条胡同，尤其令我放心，我还希望你善自消遣，能食能睡。写给谢君的信，是很好的，但说得我太好了一点。看现在的情形，我们的前途似乎毫无障碍，但即使有，我也决计要同小刺猬跨过它而前进的，绝不畏缩。

母亲的记忆力坏了些了，观察力注意力也略减，有些脾气，近于小孩子了。对于我们的感情是好的。也希望老三回来，但其实是毫无事情。

前天马幼渔来看我，要我往北大教书，当即谢绝。同日又看见李秉中，他是万不料我也在京的，非常高兴。他们明天在来今雨轩结婚，听听口气，两人的感情似乎好起来了。我想于上午去公园一趟，今天托令弟买了绸子衣料一件，价十一元余，作为贺礼带去。女的是女大的学生，音乐系。

林卓凤问令弟，听说鲁迅有要好的人了，结过婚了没有？但未提那“人”是谁。令弟答以不知道。这是细事，不足深考，顺便谈谈而已。她往西山养病，自云胃病，我想，恐怕是肺病闭，否则，何必到西山去养呢。

昨晚探到你的来信后，正看着，车家的男女又来了，见我已回，大吃一惊，男的便到客栈去，女的今天也走了。我对他们很冷淡，因为我又知道了车男寓客厅时，又曾将我的书厨（橱）的锁弄破，开开了门。

二十日上午，小刺猬十六日所发的信也收到了，也很快。但老三汇款之信，至今未到，大约因为挂号之故罢。小刺猬的生活法，据报告，很使我放心。我也好的，看见的人，都说我样子比出京时稍好，精神则好得多了。这里天气很热，已穿纱衣，我于空气中的灰尘，已不习惯，大约就如鱼之在浑水里一般，此外却并无不舒服。

昨天午前往中央（山）公园贺李秉中，他很高兴。在那里看见刘文典，谈了一通。新人一到，我就走了。她比李短一点，并不美，但也不丑，适中的人。下午访沈尹默，略谈了一些时，又访兼士、凤举、徐祖正、徐旭生，都没有会见。就这样的过了一天。夜九点钟，就睡着了，直至今天七点才醒。上午想理些带出的书籍，但头绪纷繁，无从下手，也许终于理不成功的，恐怕《中国字体变迁史》也不是在上海所能作罢。

你的小白象

若问世间何物最能给予勇气，那么，非爱情莫属。

为得一人心，可赴汤蹈火，可生死相许。大风大浪，何惧之有？

鲁迅与许广平，情比金坚，除了生死，无人可将二人分开。山盟海誓如何感天动地，都远不如真真切切地相伴相守。

许广平何许人也，竟能让犀利的鲁迅不顾流言蜚语，心甘情愿地献上真心？

1898 年，许广平生于广东番禺，与生于 1881 年的鲁迅，相差十七岁。十七载春秋，没能阻隔有情人终成眷属。如若揣着情深意切，再大的年龄差也对他们无可奈何。

一段感情，总有开端。往回默数到 1923 年，金秋之际，鲁迅在好友许寿裳的盛情邀请下，赶赴北京女子高等师范学校，也就是后来的北京女子师范大学讲课。正是在这里，鲁迅得以与许广平相遇，茫茫人海，本不相干的两个人，这般有了交集。

许广平不似小女人柔弱，她身材高大，相貌平平，即便时常坐在第一排听讲，依然不过是万千普通女学生中的一个。对鲁迅而言，与许广平的第一面，早已模糊了记忆。他岂会知道，三尺讲台下，有一个人就是他日后的亲密爱人。对许广平而言，与他的初见，刻在脑海中，久久如新。

她回忆道："突然，一个黑影子投进教室来了，首先惹人注意的便是他那大约有两寸长的头发，粗而且硬，笔挺的竖立着，真当得'怒发冲冠'的一个'冲'字。一向以为这句话有点夸大，看到了这，也就恍然大悟了。褪色的暗绿夹袍，褪色的黑马褂，差不多打成一片。手弯上，衣身上许多补丁，则炫著异样的新鲜色彩，好似特制的花纹。

皮鞋的四周也满是补丁。人又鹘落，常从讲坛跳上跳下，因此两膝盖的大补丁，也遮盖不住了。一句话说完：一团的黑。那补丁呢，就是黑夜的星星，特别熠眼耀人。小姐们哗笑了！‘怪物，有似出丧时那乞丐的头儿’。也许有人这么想。讲授功课，在迅速地进行。当那笑声还没有停止的一刹那，人们不知为什么全都肃然了。没有一个人逃课，也没有一个人在听讲之外，拿出什么东西来偷偷做。钟声刚止，还来不及包围着请教，人不见了，那真是‘神龙见首不见尾’。许久许久，同学们醒过来了，那是初春的和风，新从冰冷的世间吹拂着人们，阴森森中感到一丝丝的暖气。不约而同的大家吐了一口气回转过来了。”

他为师，她为生，兜兜转转一年多，彼此之间的关系终是有了些许微妙的变化。借着书信笔墨，原本陌生疏远的二人，渐生情愫。

2. 救渡我

徐志摩·陆小曼

龙龙：

我的肝肠寸寸的断了。今晚再不好好的给你一封信，再不把我的心给你看，我就不配爱你，就不配受你的爱。我的小龙呀，这实在是太难受了。我现在不愿别的，只愿我伴着你一同吃苦。你方才心头一阵阵的绞痛，我在旁边只是咬紧牙关闭着眼替你熬着。龙呀，让你血液里的讨命鬼来找着我吧，叫我眼看你这样生生的受罪，我什么意念都变了灰了！

啊！我的龙，这时候你睡熟了没有？你的呼吸调匀了没有？你的灵魂暂时平安了没有？你知不知道你的爱正在含着两眼热泪，在这深夜里和你说话，想你，疼你，安慰你，爱你？我好恨呀，这一层层的隔膜，真的全是隔膜：这仿佛是你淹在水里挣扎着要命，他们却掷下瓦片石块来，算是救渡你！我好恨呀，这酒的力量还不够大，方才我站在旁边，我是完全准备了的，我知道我的龙儿的心坎儿只嚷着："我冷呀，我要他的热胸膛依着我；我痛呀，我要我的他搂着我；我倦呀，我要在他的手臂内得到我最向往的安息与舒服！”但是实际上只能在旁边站着看，我稍微地一帮助，就受人干涉，意思说：“不劳费心，这不关你的事，请你早去休息吧，她不用你管。”哼，你不用我管！我这难受，你大约也有些觉着吧。

爱情，是一件甜蜜又煎熬的事。

徐志摩，现代诗人、散文家，浙江海宁人。他曾先后就读于北京大学、美国克拉克大学、英国剑桥大学，也曾受教于梁启超，兼具东西方文化的精髓。

提起他，可谓无人不知无人不晓，横溢的才华令人钦佩，剪不断理还乱的感情纠葛也颇为引人瞩目。无论是同辈人，还是后辈人，对于他，熟悉中夹杂着陌生。

陆小曼，名眉，别名小眉，原籍江苏武进，生于上海长于北京。生得眉清目秀，且与观音菩萨同天出生，在家里也被称作“小观音”。父亲陆定，先为官，后经商，资产雄厚，得以为女儿提供上等生活。小曼自幼不必去学堂求教，而是请来一流名师在家中授课。她精通诗词、绘画、音乐，甚至京剧昆曲也不在话下，十五六岁已然将英语法语烂熟于心，着实担得起“绝代佳人”一称。

1920 年，17 岁的小曼已亭亭玉立，父母望着心尖儿上的宝贝女儿，琢磨着为她找一个如意郎君。千挑万选之下，陆定夫妇相中了一个前途无量的年轻人——王赓。他比小曼大七岁，相貌堂堂，毕业于清华大学，同年赴美留学，获普林斯顿大学文学士学位后，又到西点军校攻读军事，并以第十名的优异成绩毕业回国，供职于陆军部。

陆定夫妇的眼光，精准得很，“小曼之母，看到有这种少年英俊，认为这是雀屏中选的最理想人物，虽是王庚年龄长小曼七岁，她偏说他这穷小子将来一定有办法的，毫不迟疑地，便把小曼许配了他”。

父母之命，哪怕是在陆小曼这里，也是要遵守的。有了准岳父岳母的首肯，只用了不到一个月的时间，从订婚到结婚便一气呵成，说是“闪电结婚”也不为过。没有感情做基础的婚姻，缺少必要的根基，从未深入了解过彼此的两个人，结为夫妻后，诸多问题一一浮现。奈何，婚姻不是儿戏，烦恼再多，也得说服自己再忍忍。

小曼不是在封建礼教束缚下长大的女性，她自小接受西式教育，又受生活环境所熏染，完婚后让她固守家中，一天到晚守着丈夫过日子，已然绝不可能。她知外面世界的精彩，比起悦人，她更看重悦己。

陆小曼曾在日记中写道：“她们（母亲）看来夫荣子贵是女子的莫大幸福，个人的喜、乐、哀、怒是不成问题的，所以也难怪她不能明了我的苦楚。”对她而言，个人的喜怒哀乐胜过一切他物。

从始至终，她未能有自主选择爱情、婚姻的权利，偏偏周遭的人又要她做好妻子的本分，这与她想要的生活完全不对等，她不甘心，却又迟迟找不到宣泄的出口。作为对情感需求丰富且强烈的女性，公务缠身的丈夫实在难以满足她的需要，他的繁忙，促成了她的受冷落，她终是难以咽下这颗苦果。

有些话，她找不到倾诉的人，便一股脑儿写进日记中：“从前多少女子，为了怕人骂，怕人背后批评，甘愿自己牺牲自己的快乐与身体，怨死闺中，要不然就是终身得了不死不活的病，呻吟到死。这一类的可怜女子，我敢说十个里面有九个是自己明知故犯的，她们可怜，至死不明白是什么害了她们。”

小曼不愿去重复旧社会女性的可悲，所以她以自己的方式不断反抗强加给她的生活。于是，她与千金小姐、太太们相约吃饭、喝酒、打牌、捧戏子、跳舞、唱戏，何时玩到尽兴，何时方才归家，至于几点睡几点起，随心所欲，萎靡不振。

“其实我不羡富贵，也不慕荣华，我只要一个安乐的家庭，如心的伴侣，谁知连这一点要求都不能得到，只落得终日里孤单的，有话都没有人能讲，每天只是强自欢笑地在人群里混。”这是她的心声，可惜真正了解，真正想要去了解的人，寥寥无几。

直到徐志摩的出现，一切都有了转机，她终于在漫无目的的人生中，找到了比享乐放纵更美妙的生活。

她在《爱眉小札·序（二）》中写道：“在我们（她与志摩）见面的时候，我是早已奉了父母之命媒妁之言同别人结婚了，虽然当时也痴长了十几岁的年龄，可是性灵的迷糊竟和稚童一般。婚后一年多才稍微懂人事，明白两性的结合不是可以随便听凭别人安排的，在性情和思想上不能相谋而勉强结合是人世间最痛苦的一件事。当时因为家庭间不能得着安慰，我就改变了常态，埋没了自己的意志，葬身在热闹生活中去忘记我内心的痛苦。又因为我娇慢的天性不允许我吐露真情，于是直着脖子在人面前唱戏似的唱着，绝对不肯让一个人知道我是一个失意者，是一个不快乐的人。这样的生活一直到无意间认识了志摩，叫他那双放射神辉的眼睛照彻了我内心的肺腑，认明了我的隐痛。”

徐志摩是陆小曼丈夫王赓的至交好友，平日里往来甚密，一来二去，两个走在孤寂冷风中的人，互相取暖，填补了彼此情感的空隙。对于妻子和好友的结伴而行，王赓没有任何疑心，他确信妻子的忠诚，相信朋友的磊落，只是，感情的事，实在说不准。

小曼与志摩在一起，结伴跳舞、唱戏，同桌喝酒、聊天，他们坦诚相待，吐露真心。那些无从与外人说起的痛苦和喜悦，长途跋涉许久后，终是能在一人面前一吐为快。最隐秘的情感，能得一知己倾听，能够得到温热的应答，怎叫人不欢呼雀跃。

日久见人心，而后生情。

做知己不够，小曼与志摩之间，到了谈情说爱的境地。当他们尝到了彼此的甜蜜，就发觉难以离开彼此了，是爱情，让他们从水深火热的地狱，重回美妙无忧的人间，甚至天堂。对他们二人而言，也许现在，才是真正地爱着一个人，原来爱情，竟是这般动人。

王赓与小曼是异类，志摩与小曼才是同类，可以畅快地高声嘶吼，也可以低声呜咽，难得的是，彼此心意相通。那个人，那种感觉，如此真实，活着不再只有空虚，任何缝隙都被爱情填满了。

朋友妻不可欺，志摩不是不懂，只是事到如今，懂又如何？小曼需要他，他需要小曼，在背叛朋友和舍弃爱人之间，他反复纠结，最后依旧选择了前者。他可以辜负友情，却不能辜负爱情。友情让他内疚，犹豫不决，爱情却让他勇敢，义无反顾。

今时今日，他想要的，只有小曼罢了。他们是真真切切地相爱了，不是逢场作戏，不是三分钟热度，所以由此带来的后果，他们甘愿承担。

如同小曼告诉志摩，从前，她只是为别人而活，从没有自己的生活，她的生活都是别人安排好的，是别人要的，不是她要的。她生活在牢笼中，生活在铜墙铁壁中，生活在张开的大网中，几乎窒息得喘出不上气来，可是没有人理解她，也没有人理睬她的感受。这些痛彻心扉的感受，唯有在志摩面前，她可以不加掩饰，无须思索，她只求一个痛快。

遇到爱情时，小曼正在婚姻中煎熬，志摩也正是心灰意冷的时候，苦追了 4 年的林徽因，以一封信结束了那段已经萌芽的感情。随后，林徽因与梁思成共赴美国留学，更是让他连遭重击，感觉生活了无生趣。

正当他沉浸在绝望的冷水中无法自拔时，小曼出现在他的视线内，这个拥有“一个最美最纯洁最可爱的灵魂”的人，带给他希望。在他眼中，小曼是“不慕荣华富贵，追求真、爱、美的女神”，是“能做我的伴侣，给我安稳，给我快乐”的另一半。

他说：“我有时真想拉你一同死去。我真的不沾恋这形式的生命，我只求一个同伴。”

他说：“别说得罪人，到必要时天地都得捣烂他哪！”

小曼，正是他甘愿以死相换的同伴。他爱得执著且热烈，这是他的本真，亦是小曼所盼望得到的爱情。所以，她是真的快乐、满足。

他为她作诗：“那时我凭借我的身，轻盈盈的，粘住了她的衣襟，贴近她柔波似的心胸，消溶，消溶，消溶，溶入了她柔波似的心胸！”

芸芸众生，能将他救赎的人，唯有一个小曼而已。对于小曼，亦是如此。

3. 变成你的俘虏

朱自清·陈竹隐

亲爱的宝妹：

我生平没有尝到这种滋味，很害怕真会整个儿变成你的俘虏呢！

爱情可以让人为之奋不顾身，但有时候，残酷的现实也能叫人胆怯。选择与一个人相爱，若是与之步入婚姻，那么就等同于决定了一种人生，不得不慎而又慎。

对于婚姻生活，不同的人有不同的期待，但共通的一点是要轻快自在。

可以确定的是，陈竹隐爱着朱自清，然而面对他的现状，又有些退缩。与其他年轻姑娘一样，她怀有天真烂漫的想法，心甘情愿为爱人付出全部。但是，朱自清有六个孩子，一旦与他结婚，她就必须承担起六个孩子的生活，想到这一点，她确实有诸多顾虑。

在尚未克服阴影魔障之前，陈竹隐决定冷静一下，于是她开始有意与朱自清保持距离。诚实来讲，朱自清无法给予她所向往憧憬的生活，主要在于她不敢保证自己有能力接纳六个孩子。面对未来的抉择，她犹豫彷徨，不知该作何打算。

隆冬季节，寒冷的天气让朱自清的胃病愈发严重，在他寄来的信中，她仿佛看到了他因胃痛而紧蹙的眉头。独自一人，生病却无人照料，这让陈竹隐忧心忡忡，他的处境让她心疼。

在反复纠结中，陈竹隐不断思量这段感情，是因为他的家庭而放弃他，还是接纳他的同时一并接纳他的家庭。目前，她唯一能够确信的是，他爱她，她也爱他。思来想去，她最终决定嫁给他，准备去做六个孩子的母亲。

陈竹隐的应允让朱自清兴奋不已，他在1931年8月17日写信说："隐，16日那晚是很可纪念的，我们决定了一件大事，谢谢你。想送你一个戒指，下星期六可以一同去看。"这是他写给她的第七十一封情书，成为他们人生至关重要的一个见证。

有时候，在一起并没有那么难，只是缺少那么一点勇气。与其狠心放弃意中人，不如勇敢面对困难，从容地爱与被爱。

1932年，在上海杏花村酒楼，朱自清与陈竹隐举行了结婚典礼。这时，他们由陌生到熟悉，整整过去了两年。

完婚后，他们带着六个孩子一同住在清华园中。因为子女众多，每个孩子都需要悉心照料，为了不让孩子们受到冷落，陈竹隐只好委屈自己，放弃了自己的艺术梦想，不再作画，不再练习昆曲，她将全部精力和热情投入家庭之中。此时的陈竹隐，只是一个相夫教子的小女人，平凡普通，却又有伟大之处。

朱自清一个人担负起全家八口人的生活所需，他不过是一个书生，全部的经济收入唯有依靠教书和写作，人多钱少，日子很是拮据。生活清贫，家务琐事又颇为繁重，陈竹隐始终任劳任怨，甚至为了凑钱给孩子请家庭教师补习功课，她不惜跑去医院卖过几次血。比起自己，她更在意孩子，宁可自己硬撑，也不愿孩子跟着受委屈。她是六个孩子的继母，但她对他们所付出的关心，绝不因此减少几分。

从最初的不适应，到后来的慢慢适应，中间的过程有多少辛酸，唯有陈竹隐最清楚。爱一个人，连同他所爱之人也一并爱着，这份心意实在太难得。

辛苦之余，生活中也不缺快乐的事。朱自清写作时，起初他只是偶尔会征求妻子的意见，比如在创作散文《女人》时，其中有这样一句话："在路上走，远远的有妇人来了，我的眼睛像蜜蜂们嗅着花香，直攫过去。"这个"攫"字本意是指手的动作，然而他却用在此情此景之中，便与妻子讨论这个字的用法是否恰当。

她思索片刻，回答道："这样一用，更可见急切和热烈的心情了。"在她的肯定下，朱自清对自己的想象力更为自信，以后但凡遇到相似的问题，他便时常会与妻子讨论，往往会有出乎意料的效果。

回望过去，他从未与发妻武仲谦有过任何形式上的交流探讨，他们向来鲜有思想上的碰撞，陈竹隐却与武仲谦有所不同，她有自己的思想和见地。然而，她与武仲谦又有相同之处，那就是她们对他的爱绝无高下之分，是等量的爱，只是表现出来的形式有差异而已。

平静安稳的日子，随着抗日战争的爆发而被迫终止。为了躲避战乱，朱自清带着一家人跟随学校前往昆明，原本就不宽裕的生活，陷入了更加窘迫的境地，最基本的一日三餐都成了问题，常常是食不果腹。

艰辛岁月，陈竹隐斟酌许久后，决定带着孩子们回老家成都。为了能够最大限度地减轻丈夫的负担，为了能够让他安心钻研学问、撰写文章，一个弱女子宁愿自己受苦，也要体谅他的难处，并竭尽所能解决他的难处。

夫妻二人，一个在成都，一个在昆明，相隔万水千山，却隔不断他们的想念。动荡的乱世，许多选择都是无可奈何，然而他们彼此清楚，遥远的距离并不是问题，只要心连在一起，天各一方又有何惧。

时刻惦念着彼此，即便不在身边，这种心意相通的感觉也足够迷人。

朱自清最期盼的便是假期，但凡有空闲，他都会长途跋涉到成都，去看望想念最深的人。翻过重山，越过万水，哪怕处处有阻碍，他都要坚持回去。

朱自清天生傲骨，1948 年，他愤然反对美国政府的扶日政策，为了表示决心，他参加了拒绝接受美国救济粮的运动。当时，他已身患肺病，身体相当虚弱，然而为了坚守底线，他毅然决然地拒绝了美国送来的粮食。只是，他的身体已再难坚持下去，最终离世时，年仅五十岁。临终前，他耗尽所有力气，饱含深情地说："是你让我的生命增添了无尽的光彩"，接着又嘱咐："你有一件事得记住，我是在拒绝美援面粉的文件上签过名的！"

自他去世后，抚养六个孩子和参与他作品全集的编撰工作，成为陈竹隐生活的全部，直到 1990 年 6 月 29 日她的生命停止这一天。

与他相识，到最后分别，一晃就是十几年，说起来并不算长，但正是这短暂的时光中，陈竹隐将自己毫无保留地献给了他。

朱自清曾害怕自己变成陈竹隐的俘虏，或许，最为恰当的是陈竹隐成了他的俘虏吧。

4. 爱你一念，至死方休

林觉民·陈意映

意映卿卿如晤：

吾今以此书与汝永别矣！吾作此书时，尚是世中一人；汝看此书时，吾已成为阴间一鬼。吾作此书，泪珠和笔墨齐下，不能竟书而欲搁笔，又恐汝不察吾衷，谓吾忍舍汝而死，谓吾不知汝之不欲吾死也，故遂忍悲为汝言之。

吾至爱汝即此爱汝一念，使吾勇于就死也。吾遇汝以来，常愿天下有情人都成眷属，然遍地腥云，满街狼犬，称心快意，几家能彀？司马青衫，吾不能学太上之忘情也。语云：仁者老吾老以及人之老，幼吾幼以及人之幼。吾充吾爱汝之心，助天下人爱其所爱，所以敢先汝而死，不顾汝也。汝体吾此心啼泣之余，亦以天下人为念，当亦乐牺牲吾身与吾之福利，为天下人谋永福也，汝其勿悲。

汝忆否四五年前某夕，吾尝语曰："与使吾先死也，毋宁汝先吾而死。汝初闻言而怒，后经吾婉解，虽不谓吾言为是，而亦无辞相答，吾之意，盖谓以汝之弱，必不能禁失吾之悲；吾先死留苦与汝，吾心不忍，故宁请汝先死，吾担悲也。嗟夫！谁知吾卒先汝而死乎？”

吾真真不能忘汝也！回忆后街之屋，入门穿廊，过前后厅，又三四折有小厅，厅旁一室，为吾与汝双栖之所。初婚三四月，适冬之望日前后，窗外疏梅筛月影，依稀掩映，吾与汝并肩携手，低低切切。何事不语，何情不诉？及今思之，空余泪痕。又回忆六七年前，吾之逃家复归，汝泣告我：“望今后有远行，必以告妾，妾愿随君行。”吾亦既许汝矣。前十余日回家，即欲乘便以此行之事语汝；及与汝相对，又不能启口。且认汝之有身也，更恐不胜悲，故惟日日呼酒买醉。嗟夫！当时余心之悲，盖不能以寸管形容之。吾诚愿与汝相守以死，第以今日事势观之，天灾可以死，盗贼可以死，瓜分之日可爱以死，奸官污吏虐民可以死，吾辈处今日之中国，国中无地无时不可以死，到那时吾眼睁睁看汝死，或使汝眼睁睁看我死，吾能之乎？抑汝能之乎？即可不死，而离散不相见，徒使两地眼成穿而骨化石，试问古来几曾见破镜能重圆？则较死为苦也，将奈之何！今日吾与汝幸双健，天下人人不当死而死与不愿离而离者，不可数计，钟情如我辈者，能忍之乎？此吾所以敢率性就死不顾汝也。吾今死无余憾，国事成不成，自有同志者在。依新已五岁，转眼成人，汝其善抚之，使之肖我。汝腹中之物，吾疑其女也。女必像汝，吾心甚慰；或又是男，则教其以父志为志，则我死后，尚有二意洞在也，甚幸！甚幸！吾家后日当甚贫，贫无所苦，清静过日而已。吾今与汝无言矣，吾居九泉之下，遥闻汝哭声，当哭相和也。吾平日不信有鬼，今则又望其真有。今人又言心电感应有道，吾亦望其言是实，则吾之死，吾灵尚依依旁汝也。汝不必认无侣悲。

吾平生未尝以吾所志语汝，是吾不是处；然语之又恐汝日日为吾担忧，吾牺牲百死而不辞，而使汝担忧，的确非吾所思。吾爱汝至，所以为汝体者唯恐未尽。汝幸而遇我，又何不幸而生今日之中国！吾幸而得汝，又何不幸而生今日之中国！吾幸而得汝，又何不幸而生今日之中国，卒不忍独善其身。嗟夫！巾短情长，所未尽者尚有万千，汝可模拟得之。吾今不能见汝矣！汝不能舍吾，其时时于梦中得我乎？一恸！

辛亥三月二十六夜四鼓，意洞手书。

为革命，可以舍生取义，慷慨赴死。这样的热血男儿，有钢铁之躯，亦有似水柔情。

林觉民，乍一听，并不是尽人皆知的名字，然而如若听闻“黄花岗七十二烈士”的故事，断然不会觉得陌生。

年少之际，深受民主革命思想的影响，推崇自由平等学说，以追求自由平等为己任。远赴日本求学期间，加入中国同盟会，成为推动中国革命向前发展的中坚力量。

1911 年春，从日本归来。4 月 24 日，还未来得及与家人团聚，永别却在即。血腥风雨中，转战奔波，受伤后无力再战，无奈被俘，最终以死明志。

1905 年，林觉民 18 岁，陈意映 17 岁，这一年，他们结成夫妻，立下永生相随的誓言。成婚后，搬入福州闹市区的杨桥巷 17 号，一处别致典雅的居所，它还有自己的名字——双栖楼。

在这座二层小楼前，蕉梅郁郁葱葱，闲暇无事时，夫妻二人便执手共赏这美景。林觉民写道："初婚三四月，适冬之望日前后，窗外疏梅筛月影，依稀掩映，吾与汝并肩携手，低低切切。何事不语，何情不诉?"良辰美景，娇妻在侧，真是莫大的福气。

林觉民并非只知儿女私情，作为追求新思想的进步青年，他可算大有作为。早在三年前，他便随父亲一道，进入陈宝琛兴办的全闽大学堂学习。随后，在福州城北，与一众志同道合的同学们，创办起一所私立小学，以家境贫寒的子弟为主要招生对象，以此为平台，向他们传授讲解西方先进学说。在城南，他还创设了一个阅报所，提供《苏报》《警世钟》《汉书》《天讨》等革命进步书刊，方便人们阅读浏览。

林觉民想方设法，致力于将西方自由平等学说传遍九州大地，以此唤醒沉睡已久的国人，同心同力，救国救民于危亡之际。

陈意映，螺江陈氏十九世孙女，其父元凯，是光绪乙丑年的举人，获花翎四品衔，曾任广东截取知县。成长于诗书礼仪之家，自幼耳濡目染，文墨出众，曾著《红楼梦》人物诗一卷，又生得眉清目秀，一看便知有一颗玲珑剔透的心。

志趣相投的两个人，在同一片屋檐下，缱绻缠绵，过着静默安稳的生活。林觉民在文章《原爱》中写道："吾妻性癖好尚，与君绝同，天真烂漫真女子也。"他对妻子的欣赏和喜爱，来自对她最本质的认知，能达成灵魂的契合，才会真的令人艳羡。

对于革命事业，林觉民半刻未曾停歇，成家立业后更是全力以赴。在自己家中，他以一己之力创办了一所"家庭妇女学校"，妻子陈意映自然是最执著的支持者，不但积极参与，更是劝导堂嫂、堂小姑等人一同入学。林觉民担当起老师的角色，除了传授国学，还介绍宣传西方国家的社会制度及男女平等情况，帮助他们意识到封建礼教对妇女的压迫与束缚是何其恶劣。

自由平等的观念一旦萌芽，便再无可以将其摧毁的力量。在林觉民和陈意映的努力下，姑嫂纷纷放了小脚，进入福州女子师范学堂，并成为该校的第一届学生。

1907 年，林觉民决定东渡日本留学。最初，他专攻日语，随后转入庆应大学学习文科，专攻哲学，兼习英语、德语。正是在此期间，他加入中国同盟会，积极投身革命事业。他的雄心壮志，她都懂，只是未曾想过会有真正的别离。

1911 年春，林觉民从日本返乡。往年，他会在放暑假时回来探亲，这一年却突然改了时间。许久未见，妻子陈意映自是分外欢喜，但其父却颇为意外。面对家人的或喜或惊，他轻描淡写地解释了一番：学校放樱花假了，此次回来，是为了陪同日本同学游览江浙风光，顺便回家探望大家。

杨桥巷家中，林觉民住了十余天，时间虽短，却在谋划一件惊天大事。他先是到桥南社福建同盟会部，找到总干事林斯琛等人，告知准备起义的消息；随后，联络福州、连江等地的爱国人士，准备响应工作；此外，他还经常出入西禅寺，召集人手秘制大批炸药。为了能将炸药顺利运出，他设计将炸药装进棺材，派一个女人乔装打扮成寡妇，护送棺材去香港。考虑到陈意映已有八个月的身孕，行动不便，便将这项任务交由革命党人方声洞的妹妹方君碧负责。

1911 年 4 月 9 日，林觉民与妻子作别，从马尾登船驰往香港，两天后，抵达香港。与此同时，决心参与此次起义的人员也陆续从各地向香港聚集，林觉民则往来于香港与广州之间，负责将他们安全护送至广州。

本以为准备工作万无一失，谁知出了内奸。清政府增兵广州，一时间，部分秘密机关在严密的搜捕下遭到破坏，起义陷入极为被动的境地。无奈之下，主持起义工作的黄兴临时决定，将起义定在27日，原定的十路进攻改为四路。

起义开始前夕，林觉民对同伴说道："此举若败，死者必多，定能感动同胞。"可见其视死如归之决心！晚间，伴着昏黄的灯光，他写下两封诀别书。

一是给父亲林孝颖，言简意明，"不孝儿觉民叩禀：父亲大人，儿死矣，惟累大人吃苦，弟妹缺衣食耳。然大有补于全国同胞也。大罪乞恕之"。二是给妻子陈意映，言辞悲切却坚定，不舍却孤注一掷。天亮后，他将书信托付给友人，嘱咐道："我死，幸为转达。"

4月27日下午5点30分，起义开始。在黄兴的带领下，林文、林觉民、林尹民等百余人向广州总督署发起进攻。据后来的《民立报》连载的《革党林觉民小史》载，"巷战既久，飞矢洞腰，（觉民）翻然身扑于地，纵声一呼，忍痛跃起，复杀多人，又被数创，鲜血暴注，遍体淋漓，力竭始见擒"。

关押在狱中的林觉民，滴水不进。不几日，他被押上刑场。即便是面对刽子手，他依旧泰然自若，毫无惶恐之色。他死后，人们将其葬在广州黄花岗荒丘，与其他七十一位烈士相伴长眠于此。

手捧着丈夫的绝笔，陈意映读罢，第一个念头便是殉情，他走了，她也不愿独活。奈何，她的命岂是单单仅是她的。林觉民的父母痛哭着，跪在她面前，苦苦哀求。念及年迈的父母、年幼的孩子，以及还未出生的小生命，她不得不选择坚强。

死，是一件容易的事，活着，才是不易。如若林觉民在天有灵，他定是希望妻子能够好好活着，能承担起一家老小的未来。

在林觉民死后一个月左右，陈意映因悲伤过度而早产，生下儿子林仲新。可怜的小家伙，一出生，便注定没有父亲的疼爱。为了最大限度减免陈意映的悲痛，林家将林觉民哥哥的女儿林暖苏过继给她。

然而，失去丈夫的陈意映，早已对生活心灰意冷，哀伤郁结于心，久而久之，对她的身体造成了不可逆转的伤害。林仲新刚满两岁的时候，一直在坚持的陈意映终是再难坚持，郁郁而终。

5. 醒来觉得甚是爱你

朱生豪·宋清如

我想像有那么一天，清如，我们将遇到命定的更远更久长更无希望的离别，甚至于在还不曾见到最后的一面，说一声最后的珍重之前，你就走了，到不曾告诉我知道的一个地方去。你在外面得到新奇和幸福，我则在无变化的环境里维持一个碌碌无奇的地位。那时我相信我已成为一个基督教徒，度着清净的严肃的虔敬的清教徒的独身生活，不求露头角于世上，一切的朋友，也都已疏远了。终于有一天你厌倦归来，在欢迎你的人群里，有一个你几乎已不认识了的沧桑的面貌，眼睛，本来是干枯的，现在则发着欢喜的泪光，带着充满感情的沉默前来握你的手。你起始有些愕然，随即认识了我，我已因过度的欢喜而昏晕了。也许你那时已因人生的不可免而结了婚，有了孩子，但这些全无关系，当我醒来的时候，是有你在我的旁边。我告诉你，这许多年我用生活的虔敬崇拜你，一切的苦难，已因瞬间的愉快而消失了，我已看见你像从梦中醒来。于是我死去，于你眷旧的恋念和一个最后最大的灵魂安静的祝福里。我将从此继续生活着，在你的灵魂里，直至你也死去，那时我已没有再要求生存的理由了。一个可笑罗曼斯的构想吗?

朱生豪说："好像是你，又好像是别人，把一些专职的女巫带到了我这里。像说胡话一般，我反复地念叨着两个字，我和你。"

对一个人的爱，到底可以狂热到何种程度，可以说朱生豪很好地诠释了这个答案。天地万物，除了心爱的宋清如，他全部视而不见。

九年的恋爱，终有修成正果的一天。1942 年，出于共同生活的考量，二人决定步入婚姻的殿堂。这一年，宋清如 31 岁，朱生豪 30 岁，结束了恋爱期，转而进入柴米油盐的夫妻生活。一代词宗夏承焘，为这对新人题下八个大字——才子佳人，柴米夫妻。

身为凡人，做不到不食人间烟火，所以还是要面对茶米油盐的日子。

1943 年 1 月，新婚夫妇朱生豪和宋清如，带着《莎士比亚全集》，回到朱生豪的老家——嘉兴东米棚。朱生豪家境贫寒，狭窄阴暗的一间小屋内，唯有一张榉木账桌、一把旧式靠椅，以及一盏小油灯。面对艰辛的生活条件，宋清如表现得很是淡然，纵然物质匮乏，但精神世界的满足，才是她追求着的人生信念。

朱生豪将翻译莎士比亚的作品视为毕生的事业追求，婚前如此，婚后亦是如此。一支破旧不堪的钢笔、一套《莎士比亚全集》以及两本残破的辞典，靠着这些工具，朱生豪沉浸在自己的快乐中。

可婚姻岂能靠一腔热血度日，每日的吃穿用度，哪一项不需要操心。他依旧安心做他的才子，埋头继续他的所爱，宋清如便安心做她的家庭主妇，家里家外，都由她撑着。每月上旬，宋清如会提前把米买好，至于其他开支，则能省便省。她勤俭持家，用盐来代替刷牙用的牙粉，朱生豪头发长到一定程度，她便亲自用剪刀为他修剪。总而言之，离不开“节俭”二字。

每天的买菜、烧菜、洗衣等家务，全部落在宋清如的肩上。偶有空闲，她还会帮工做衣，补贴家用。生活自是拮据，但在宋清如的打理下，却尤为温馨，这成为朱生豪潜心翻译莎翁集的保障。

有人曾准备写一本《宋清如传奇》，宋清如听了，轻轻说：“写什么？值得吗？”那人答道：“因为朱生豪吧。”她只用六个字，便概括了全部：“他译莎，我烧饭。”曾经桀骜不驯的宋清如，为了心爱的人，也甘心活在日常的琐碎中。

朱生豪在翻译莎士比亚的戏剧时，曾反复邀妻子加入，奈何宋清如频频婉拒。她自知英文程度远不及丈夫出色，唯恐会耽误他的翻译进度和品质，所以只做些力所能及的事情，比如做他忠实的读者，为他耐心细致地校对，照顾他的生活起居，免他受俗事叨扰。

宋清如是幸运的，能够遇到一个钟情于她，又非她不可的男人。在她面前，朱生豪从不懂“矜持”为何物，他满心想着的，唯有一个宋清如。

永恒是什么？

他对她说：“我愿意懂得‘永恒’两字的意义，把悲壮的意义放入平凡的生活里，而做一个虔诚的人。因我是厌了易变的世事，也厌了易变的自己的心情。”

她到底好在哪里？

他对她说：“我一天一天明白你的平凡，同时却一天一天愈更深切地爱你。你如同照镜子，你不会看得见你特别好的所在，但你如走进我的心里来时，你一定能知道自己是怎样好法……”

曾经，他做了一个奇怪的梦，随后讲给宋清如：“我有没有告诉过你，有一次我梦见宋清如，她开始是向我笑，笑个不住，后来笑得变成了一副哭脸，最后把眉毛眼睛鼻子嘴巴都笑得变动了位置，最后的最后满面孔都笑得面目模糊了，其次的最后脸孔上只有些楔形文字，这是我平生所看见的最伟大的笑。”

这个梦或许并不特别，但是他最想说的，是那句“我真爱宋清如”。

战争年代，炮火的轰鸣声彻夜不停，动荡与不安伴随着每一个人，贫穷和饥饿如影随形。然而，苦难面前，朱生豪依旧固守理想，他夜以继日地翻译莎翁集，不知疲倦。最初，他每天保证翻译三千字，随后，变为八千字，工作量成倍递增。

翻译《莎士比亚全集》的工作，不仅是脑力活，更是体力活，但理想信念就扎根在他心里，他憋着一股劲儿，争分夺秒在努力。

天道酬勤，他的稿费从每千字两元，一下子涨到每千字五元，本该可喜可贺的事情，却依旧让人高兴不起来。因为物价也在飞涨，比稿费的涨幅大得多，比如大米从每石四百元，一不留神就涨到了每石四十万元，足足有千倍之差。

没关系，身侧有至爱之人，手头有至爱之工作，但凡清醒一日，他就要坚持一日。他曾说“我愿意舍弃一切，以想念你终此一生”，不知道他所指的“一切”是否包括翻译莎翁集，如若让他从宋清如与莎翁集二者之间做出选择，他应该会舍弃后者。宋清如岂会让他做如此艰难的抉择，她不会离开他，也不会让他放弃理想。

朱生豪对宋清如的爱是一种模样，宋清如对朱生豪的爱是另一种模样，纵然并不相同，但爱的本质不会变。

每一日清晨，从睡梦中醒来，都会发觉对彼此的爱又多了一分。

6. 原谅我的怯懦

林徽因·徐志摩

志摩：

我走了，带着记忆的锦盒，里面藏着我们的情，我们的谊，已经说出和还没有说出的话走了。我回国了，伦敦使我痛苦。我知道您一从柏林回来就会打火车站直接来我家的。我怕，怕您那沸腾的热情，也怕我自己心头绞痛着的感情，火，会将我们两人都烧死的。

原谅我的怯懦，我还是个未成熟的少女，我不敢将自己一下子投进那危险的旋涡，引起亲友的误解和指责，社会的喧嚣与诽难，我还不具有抗争这一切的勇气和力量。我也还不能过早的失去父亲的宠爱和那由学校和艺术带给我的安宁生活。我降下了帆，拒绝大海的诱惑，逃避那浪涛的拍打……

我说过，看了太多的小说，我已经不再惊异人生的遭遇。不过这是诳语，一个自大者的诳语。实际上，我很脆弱，脆弱得像一支暮夏的柳条，经不住什么风雨。

我忘不了，也受不了那双眼睛。上次您和幼仪去德国，我、爸爸、西滢兄在送别你们时，火车启动的那一瞬间，您和幼仪把头伸出窗外，在您的面孔旁边，她张着一双哀怨、绝望、祈求和嫉意的眼睛定定地望着我。我颤抖了。那目光直透我心灵的底蕴，那里藏着我的知晓的秘密，她全看见了。

其实，在您陪着她来向我们辞行时，听说她要单身离你去德国，我就明白你们两人的关系起了变故。起因是什么我不明白，但不会和我无关。我真佩服幼仪的镇定自若，从容裕如的风度，做到这一点不是件易事，我就永远也做不到。她待我那么亲切，当然不是装假的，你们走后我哭了一个通宵，多半是为了她。志摩，我理解您对真正爱情幸福的追求，这原也无可厚非；我但恳求您理解我对幼仪悲苦的理解。她待您委实是好的，您说过这不是真正的爱情，但获得了这种真切的情分，志摩，您已经大大有福了。尽管幼仪不记恨于我，但是我不愿意被理解为拆散你们的主要根源。她的出走使我不能再在伦敦居住下去。我要逃避，逃得远远的，逃回我的故乡，让那里浓荫如盖的棕榈、幽深的古宅来庇护我，庇护我这颗不安宁的心。

我不能等您回来后再做这个决定。那样，也许这个决定永远也无法做出了。我对爸爸说，我很想家，想故乡，想马上回国。他没问什么，但是我知道他一切都清楚，他了解我，他永远是我最好的朋友。他同意了。正好他收到一封国内的来信，也有回国一次的意向，就这样，我们就离开了这留着我的眼泪多于微笑的雾都。

我不能明智如那个摔破瓦盆头也不回的阿拉伯人，我是女人，总免不了拖泥带水，对“过去”要投去留恋的一瞥。我留下这一封最后的紫信——紫色，这个我喜欢的哀愁、忧郁、悲剧性的颜色，就是我们生命邂逅的象征吧。

走了，可我又真的走了吗？我又真的收回留在您生命里一切吗？又真的奉还了您留在我生命里的一切吗？

我们还会重逢吗？还会继续那残断的梦吗？

我说不清。一切都交给那三个纺线的老婆子吧（注：这里指希腊神话中的命运女神，她们的任务是纺制人间的命运之线，同时按次序剪断生命之线），听任她们神秘的手将我们生命之线拉扯的怎样，也许，也许……只是，我不期待，不祈求。

一别两宽，各生欢喜。如此，是最好。

在无望的路上，及时回头，不至于伤人伤己，徽因是理性的，也足够明智。

“我懂得，但我怎能应和”，他是可以交心的人，却不是托付终身的人。以朋友的身份，畅所欲言，这便足矣，何苦去谈情说爱，落个满身疲惫。她的教育不允许她与世事背道而驰，她的阅历还不足以应付这场突如其来的爱情。

带着记忆的锦盒，徽因与梁思成一道游学，随后完婚，过着神仙眷侣般的生活。与志摩相比，思成才是她以身相许的良人。

1924 年 4 月至 5 月间，大诗人泰戈尔访华，志摩与徽因相伴左右。不论是出入会场做演讲，还是一道出演英文戏剧，二人仿若回到曾经朝夕相处的日子，昔日的情意又重新拾起。

5 月 20 日，志摩随泰戈尔一行离开北京去太原。站台上，徽因站在送行人中间，望着即将离开的志摩，没有太多言语。列车开动在即，志摩匆忙提笔，赶着给徽因写一封信，可惜笔还未停，车已启动。急忙之下，志摩想要冲过去将信交给徽因，被泰戈尔的秘书恩厚之拦了下来，并将信替他保管着。

此后，志摩未再提及此事，恩厚之也保持沉默。直到 20 世纪 70 年代，梁锡华去英国访问，恩厚之这才将志摩的信拿出来，信中写道："我真不知道我要说的是什么话，我已经好几次提起笔来想写，但是每次总是写不成篇。这两日我的头脑只是昏沉沉的，开着眼闭着眼都只见大前晚模糊的凄清的月色，照着我们不愿意的车辆，迟迟地向荒野里退缩。离别！怎么的能叫人相信？我想着了就要发疯，这么多的丝，谁能割得断？我的眼前又黑了！"

妄加推测一下，也许就在离别的前一晚，徽因明明白白地告诉志摩，她即将与思成同去美国留学的事，并且一清二楚地告诉他，他们之间毫无可能。斩钉截铁的话，从徽因的口中说出，比旁人来说，更是多了几分威力。

天地未变，只是错过的人再也不见了。

在 1927 年 3 月 15 日给胡适的那封信中，徽因拜托胡适："请你告诉志摩我这三年来寂寞受够了，失望也遇多了，现在倒能在寂寞和失望中得着自慰和满足。告诉他我绝对的不怪他，只有盼他原谅我从前的种种。"

原谅她什么？不可说，一说便都是唏嘘感叹。

1928 年 8 月，徽因与思成回国，同被聘为东北大学教授。1931 年初，徽因身体抱恙，志摩听闻立即赶过来探望。不多时，志摩来到北平任北大教授，正巧徽因在北京疗养，距离近了，便又热络起来。

好友相见，自是有说不完的掏心话，也许，多少也夹杂着当年的小情小爱。只是，此时此刻，各自婚嫁，有妻有夫，不适合再多谈。

1932 年，徽因写信给老大哥胡适，坦诚地说："我永是'我'，被诗人恭维了也不会增美增能，有过一段不幸的曲折的旧历史也没有什么可羞惭……我觉得这桩事从事方面看来真不幸，从精神方面看来这桩事或为造成志摩成为诗人的原因，而也给我不少人格上知识上磨炼修养的帮助。志摩 inaway（从某方面）不悔他有这么一段痛苦的历史，我觉得我的一生至少没有太堕入凡俗的满足也不是一件什么坏事。志摩警醒了我，他变成一种 Stiamulant（激励）在我生命中，或恨，或怒，或 Happy（幸运）或 Sorry（遗憾），或难过，或苦痛，我也不悔的，我也不 Proud（得意的）我自己的倔强，我也不惭愧。"

对于与志摩有关的种种，徽因不隐藏，她看重这段过往，无须避讳。所以，当志摩死后，梁思成特意赶去济南，在出事地点捡回一块飞机的残片，徽因将它挂在卧室的墙上，以此怀念逝去的故友。

对志摩的感情，是真挚的，不掺杂质。从前还是今后，她坦坦荡荡，直面那段情。

1934 年 11 月 19 日，徽因和思成去南方考察路过硖石，这是志摩的家乡。徽因下了车，伴着夜色，"凝望着幽暗的站台，默默地回忆许多不相连续的过往残片，直到生和死间居然幻成一片模糊，人生和火车似的蜿蜒一串疑问在苍茫间奔驰……如果那时候我的眼泪曾不自主的溢出睫外，我知道你定会原谅我的"。

弥补不了的遗憾，是想念他时，他人已不在人间。

她流着泪，为志摩写下《别丢掉》，表露心声：

别丢掉

这一把过往的势情，

现在流水似的，

轻轻

在幽冷的山泉底，在黑夜在松林

叹息似的渺茫，

你仍要保存那真！

一样的月明，

一样是隔山灯火，

满天的星，

只有人不见，

梦似的挂起，

你问黑夜要回

那一句话——你仍得相信

山谷中留着

有那回音

或许，“回音”即徽因吧。不去管其他，对志摩，徽因动了真情。

第四章　至死不渝身在情常在

1. 你的名字是最美的情诗

朱湘·刘霓君

我爱：

小东要雇奶妈，就早已嘱咐过了，不必再提。小沅定名叫海士，因为他是上海怀的，士就是读书人，士农工商的士。从前孔夫子说过一句话，叫作“仁者乐山，智者乐水”，意思就是说，慈善的人爱山，因山是结实的；聪明人爱水，因为水是流动的：小沅是海水旁边怀的，我替他起个号叫伯智，就是希望他作一个聪明的人。“伯”是行大，聪明的人同尖巧的人不一样。聪明的人向大地方看，尖巧的人只看小的，尖巧人只是想着害人。小东定名叫雪，因为你到北京，头一次看见雪，刚巧那时你便怀了小东。并且雪是很美的一件东西，它好像一朵花，干的雪你仔细看一看就知道它是六角形，好像一朵花有六瓣花瓣，所以古人说“雪花六出”。她号燕支（燕字读作烟字一样，不是燕子的燕），因为古时候有一座山，叫燕支，在北方古代匈奴国的皇后她们不叫皇后，叫阏氏（就是燕支这二字），便是因为此故。小东是在北方怀的，所以号叫这个。

我替你取的号叫霓君（这两个字我如今多么亲多么爱），是因为你的名字叫采云，你看每天太阳出来时候或是落山时候，天上的云多么好看，时而黄，时而红，时而紫，五采一般（彩字同），这些云也叫作霓，也叫作霞。（从前我替你取号叫季霞，是同一道理，但是不及霓君更雅。）古代女子常有叫什么君的，好像王昭君便极其有名。说到这里，我可以告诉你一个笑话：从前汉朝有一文人，叫东方朔（姓东方，名朔），这人极其好开玩笑，有一天皇帝祭地皇菩萨（这祭叫社），不用说，桌上自然是供一大块猪肉了，这块肉（大半是半个猪，或者整个）照规矩祭完神以后，由皇帝下令，叫大官分了带回家去，有一次这位东方先生性子急（不知是不是他的太太叫他12点钟回去吃中饭，那天祭祀费时太多，已经一两点钟了，他怕回去太迟，太太要不依，说他只管自己，不顾别人等他，或者说他偷去会女相好，谈话谈忘记掉了，不记得回来吃饭了。无论如何，总是他过于性急），不等汉武帝下令，他自己就在身边拔下了宝剑来（古人身边都带宝剑），在猪肉上头割了一块就走。但是被皇帝知道了，叫他说出道理，如若说不出，便推出午门斩首（这自然是皇帝同他开玩笑，因为皇帝很喜欢他说笑话）。这位东方先生毫不在乎地说：我割肉你应当夸奖我才对，为何反来责备我呢？你看我拔出剑来就割，这是多么勇敢！我割的刚好是自家分内应得的，不曾割别人的一点，这是多么清廉！拿肉回去给我的“细君”，这又是多么仁爱（细君就是“小皇帝”“小先生”，就是说的他太太）。皇帝一场大笑，放他走了，并且叫人跟着送一只整猪到他家里去。东方先生的太太自然是说不出的快活。本想骂她的先生一场的，也不骂了。这是提起君字，想到的一段故事。以后做文章的人读书的人叫妻子作细君，便是这样起来的。这个故事，我的霓君，我的细君，我的小皇帝，你看这有点趣味吗？我如今在外国省俭自己，寄钱给你，别的同学是不单不寄钱回家，有时还要家里寄钱，你看我比起东方朔先生来，也差不多吧？我想我寄回家的钱，总不止买一头猪罢？

爱上她之后才发现，世上最美的情诗，竟是她的名字。其他文字再美，都不及她半分。

与刘霓君完婚后，不知是不是受着爱情的滋润，朱湘的灵感喷薄而出，创作出大量高品质的诗歌，如《答梦》《情感》《雌夜啼》等，随后又有诗集《草莽集》问世。此外，他与闻一多、徐志摩等人联手在《晨报副刊》上创办《诗镌》，笔不停耕，成为新月派诗歌的领军人物。

1927年，赴美留学终于提上日程。朱湘与妻子作别，孤身前往美国。远隔重洋，抵挡不住他对爱人的思娇心切，不得见，便以书传情，写下九十封情书，而且每一封信都有自己独一无二的编号，如同对她独一无二的爱。

信中，有谋生的艰难不易，有捉襟见肘的经济困境，可更多的是他对刘霓君不舍的思念。言辞之间，流淌着似水的柔情，让人不禁为之感动。他远在异国他乡，对她有诸多不放心，只好在信中一再叮咛，只求他不在她身边的这些时日，她能顺心如意。

比如，“要请老妈子，不要累坏自己”“要穿平底鞋，又好看又卫生”“要经常同家人看看电影，别闷坏了”“要赶快搬家别住在尼姑庵附近”“要多吃营养的菜，别光顾着省钱”……

诸如此类，不胜枚举。

除了日常琐碎，在为人处世方面，也有话要叮嘱她。比如“做人要诚实不要老实，要灵巧不要尖巧。遇到好人的时候有好心对他，遇到恶人却也不会上当”。

有他在一日，他便想要护她周全，护她平安喜乐。

朱湘去世后，为表纪念，生前挚友罗念生将其在海外写给刘霓君的情书稍做整理，并取名为《海外寄霓君》而出版，与鲁迅致许广平的《两地书》、徐志摩致陆小曼的《爱眉札记》、沈从文致张兆和的《湘竹书简》并称四大经典情书。读过的人一定知道，每一个字都饱含着深情厚谊，即便往事已经褪色，可这绵绵情意却历久弥新。

1930 年，朱湘在没有拿到学位的情况下回国。究其原因，一个穷字，足矣。

朱湘的父亲朱延熙，是清代光绪丙戌年的翰林，钦赐进士，后历任江西学台、湖北盐运使、湖南按察使等职。按理说家世显赫，奈何父母早亡，家道没落。他曾向妻子感叹过自己的身世：“记得我小时候，娘过去很早，父亲也在我十一岁上去世了。到南京之后，大哥他自己还管不了，哪能靠他来管我，到北京后，三哥东奔西跑的找事也很少见面。我相信我小时候要是有父母或哥哥领教，一定身子比现在好，学问也比现在好。”

过去不可逆，贫穷是残酷的现状，但是患难见真情。留学期间，经济本就窘迫的朱湘，仍是尽己所能节衣缩食，将省下来的钱寄给妻子。

他写信给妻子：“妹妹，我想多省些钱，实在省不了，我身上的衣服少，有的几件，有旧了的，有破了的，穿去上课，简直是外国的叫花子，这对于中国体面实在大有妨害。如今又快到冬天，一切鞋袜都要添置。我昨天上街，本想配眼镜照相的，但是先买了一双鞋、一条皮带、两件衬衫，等等就花了十几块，这还都是买的最便宜的货色。如今是照相也照不了，配眼镜也配不了。我回家一算，大事不妙，所以赶紧今早寄三十美金给你。”

刘霓君，是他心心念念着的人，是他甘愿苦着自己，也不愿让她受委屈的人。大抵评断一个人是否爱你，就看在他心中，你与他自己，到底哪个更重要。

留学的第三个年头，终是因为经济再难支撑，朱湘草草结束了学业，返回国内。

2. 甜蜜着，陶醉着

瞿秋白·杨之华

之华：

昨天接到你的三封信，只草草地写了几个字，一是因为邮差正要走了，二是因为兆征死的消息震骇得不堪，钱寄到的时候，我都不知道（三十元已接到）！

整天的要避开一切人——心中的悲恸似乎不能和周围的笑声相容。面容是呆滞的，孤独地在冷清清的廊上走着。大家的欢笑，对于我都是很讨厌的。那厅里送来的歌声，只使我想起：一切人的市侩式的幸福都是可鄙的，天下有什么事是可乐的呢？

1922年香港罢工（海员）的领袖，他是党里工人领袖中最直爽最勇敢的，如何我党又有如此之大的损失呢？前月我们和史太林谈话时，他所关心的问题，是如何的切合于群众斗争的需要；他所教训我的——尤其是八七之后，是如何的深切。

可是他的死状，我丝毫也不知道，之华，你写的信里说得太不明白了。他是如何死的呢？

之华，你自己的病究竟怎样？我昨天因为兆征死的消息和念着你的病，一夜没有安眠，乱梦和恶梦颠倒神魂，今天觉得很不好过。我钱已经寄到了，一准21日早晨动身回莫。你快通知云，叫他找汽车22日早上来接我，在布良斯克车站——车到的时刻可以去问一问；我这里是21日下午5时从利哥夫车站开车。之华，你能来接我更好了！！！

之华，我只是想着你，想着你的心——这是多么甜蜜和陶醉。我的爱是日益的增长着，像火山的喷烈，之华，我要吻你，我俩格外的要保重自己的身体，——我党的老同志凋谢得如此之早啊。仿佛觉得我还没有来得及做着丝毫呢！！

冲破万难走到一起的人们，都可以称作英雄，他们披荆斩棘，跨越万水千山，能够求得相守，不得不叫人佩服。

排除种种阻碍后，瞿秋白与杨之华终于得以走到一起，继续他们未完成的爱情。

1924年11月7日，是"十月革命"的纪念日，也是瞿秋白与杨之华的大喜之日，他们在这一天举行了结婚仪式。杨之华虽有过婚姻，却没有旧感情的束缚，她的前夫沈剑龙不仅衷心祝福她能幸福，更是与她的现任丈夫结为好友。仪式当天，沈剑龙亲自前来祝贺，真心实意地送上他的祝福。

瞿秋白与杨之华完婚后，瞿秋白与沈剑龙的友谊丝毫未减，他们常有书信往来，切磋学问，探讨人生。想来都是豁达大度之人，何来新愁旧怨，与其苦苦相逼，倒不如看开些，各自精彩。

他们三人之中，沈剑龙最为明理，他欣赏瞿秋白的人品和学识，至于瞿秋白与杨之华的感情，他并不计较，相反，他表示支持。他曾送给瞿秋白一张六寸照片，他剃光了头发，身披袈裟，手中捧着一束鲜花，并附上“借花献佛”四个字，以表达他不配杨之华，愿将她献给瞿秋白。

好聚好散，不爱了就笑着挥手再见，死缠烂打对任何一方都不是好的解决办法。

瞿秋白与杨之华是幸运的，他们找到了今生所爱。有一次刻图章，瞿秋白对妻子说：“我一定要把‘秋白之华’‘秋之白华’和‘白华之秋’刻成3枚图章，以示你中有我，我中有你，无你无我，永不分离。”爱情的最高境界，大概就是不分彼此吧。

杨之华的女儿独伊回忆说：“为了纪念他们的结合，父亲在一枚金别针上亲自刻上‘赠我生命的伴侣’7个字，送给母亲。这一爱情信物，后来伴随母亲度过了几十年风风雨雨。”能够得此爱称，今生都无憾了。

在独伊眼中，瞿秋白是合格的父亲，他们之间没有半点生疏。她说：“在我模糊的记忆中，我的父亲瞿秋白话不多，很温和，戴着眼镜，很清瘦。母亲不让我简单地叫‘爸爸’。让我叫‘好爸爸’，我一直这样称呼的，而他就亲切地称我小独伊。在我的心目中，他就是我的慈父。”爱屋及乌，爱杨之华，也爱她与别人的孩子。爱着她，连同她爱的人也一并爱着。

其实，独伊能够得享这份父爱实属来之不易。起初，独伊的爷爷奶奶，也就是沈玄庐夫妇执意“从此不许杨之华再到沈家看望女儿独伊”。1925年，瞿秋白曾同杨之华一道前往萧山衙前镇，只为偷偷见女儿一面。回到上海后，想到自己与女儿天各一方，杨之华的心情久久难以平复。

瞿秋白看着杨之华伤心的样子，也跟着难过起来，为了宽慰她，他便给她讲《安娜·卡列尼娜》的故事。他讲道："你过去在婚姻上遭到的不幸，一时不能见到孩子，这一点和安娜·卡列尼娜相同，旧的社会制度窒息了多少人的心灵啊！但是，你处的时代和安娜·卡列尼娜的时代完全不同了。你一定能够得到孩子，和她一起幸福的生活。"最终的结局是好的，沈玄庐夫妇让杨葆青（杨之华的兄长）带着沈独伊来到了上海，母女得以团聚。

瞿秋白是优秀的共产党领袖，他胸怀国家，心系百姓，铮铮铁骨，对阴险狡诈的敌人无所畏惧。

蒋介石曾派人想方设法劝瞿秋白投降，只要他肯放弃自己的政治原则，当即便可获得自由。然而，革命斗士怎会就此屈服？对敌人，他只是淡淡地说道：人爱自己的历史甚于鸟爱它的翅膀，请不要让我斩断我的历史。"

敌人费尽口舌后，便开始对他进行严刑拷打，谁知他宁死不屈，还是坚持自己的原则。国民党的特务劝他识时务，要他以后从事翻译工作，不要再去沾染政治，如此一来，不但可以活命，还可以活得很好。这番话，瞿秋白嗤之以鼻，仍不愿妥协。

特务说："你的亲属也更希望你能活，他们想念你。你死了，中共给你开个追悼会，你觉得好吗？"

瞿秋白正声道："何必讲这些呢？"他说："我死就死，何必讲什么追悼会呢。"

特务又开始打亲情牌，劝他："你为了亲属也要活吧?"

他说："我的爱人杨之华绝对不会允许我这样做，如果我这样做了，就是对他们最大的侮辱。"

宁愿清白坦荡地死去，也不要苟且地活着。

瞿秋白浅笑着，他望着远处的苍翠峰峦，说了一句："此地甚好。"随后，他一言不发，盘腿坐下后，饮弹自尽。

他走了，带着满腔热血与忠胆，与这个世界告别。遗憾的是，未能与爱他的人、他爱的人好好道声珍重。他先走一步，无法与妻子白头偕老，但他不后悔，这是无论重复多少次，他都始终坚持的选择。

瞿秋白牺牲后，杨之华再没结婚，一直是一个人。有人曾问她，为什么不再另寻一个伴侣呢？她说："再没有人比秋白对我更好了。"在爱情里，她不愿将就。

1955 年，二十年的苦苦找寻后，杨之华终于在福建长汀找到了丈夫的骸骨，并小心翼翼地运回北京，安葬在八宝山革命公墓中。飘落他乡如此之久，终于可以入土为安了。周恩来总理亲笔题写了"瞿秋白之墓"的碑铭，以纪念这位革命先烈。

爱他的心，不会随着他的离开而改变，若他泉下有知，他该会明白，她一直守望着他，直到生命的最后一刻。

在爱里甜蜜着、陶醉着，也在爱里坚强着、执著着。此生之爱，无怨无悔。

3. 做你的奴仆

闻一多·高孝贞

贞：

此次出门来，本不同平常，你们一切都时时在我挂念之中，因此盼望家信之切，自亦与平常不同。然而除三哥为立恕的事，来过两封信外，离家将近一月，未接家中一字。这是什么缘故？出门以前，曾经跟你说过许多话，你难道还没有了解我的苦衷吗？出这样的远门，谁情愿，尤其在这种时候？一个男人在外边奔走，千辛万苦，不外是名与利。名也许是我个人的事，但名是我已经有了的，并且在家里反正有书可读，所以在家里并不妨害我得名。这回出来唯一目的，当然为的是利。讲到利，却不是我个人的事，而是为你我，和你我的儿女。何况所谓利，也并不是什么分外的利，只是求将来得一温饱，和儿女的教育费而已。这道理很简单，如果你还不了解我，那也太不近人情了！这里清华北大南开三个学校的教职员，不下数百人，谁不抛开妻子跟着学校跑？连以前打算离校，或已经离校了的，现在也回来一齐去了。你或者怪了我没有就汉口的事，但是我一生不愿做官，也实在不是做官的人，你不应勉强一个人做他不能做不愿做的事。我不知道这封信写给你，有用没有。如果你真是不能回心转意，我又有什么办法？儿女们又小，他们不懂，我有苦向谁诉去？那天动身的时候，他们都睡着了，我想如果不叫醒他们，说我走了，恐怕第二天他们起来，不看见我，心里失望，所以我把他们一个个叫醒，跟他说我走了，叫他再睡。但是叫到小弟，话没有说完，喉咙管硬了，说不出来，所以大妹我没有叫，实在是不能叫。本来还想嘱咐赵妈几句，索性也不说了。我到母亲那里去的时候，不记得说了些什么话，我难过极了。出了一生的门，现在更不是小孩子，然而一上轿子，我就哭了。母亲这大年纪，披着衣裳坐在床边，父亲和驯弟半夜三更送我出大门，那时你不知道是在睡觉呢还是生气。现在这样久了，自己没有一封信来，也没有叫鹤、雕随便画几个字来。我也常想到，40 岁的人，何以这样心软。但是出门的人盼望家信，你能说是过分吗？到昆明须四十余日，那么这四十余日中是无法接到你的信的。如果你马上就发信到昆明，那样我一到昆明，就可以看到你的信。不然，你就当我已经死了，以后也永远不必写信来。

兵荒马乱的年代，最辛苦的莫过于遥远的相爱，所以纵然前路艰险，不惜一切代价也要回到她的身边，付出最大努力护她安稳。

自日军开始侵犯中华，先后占领上海、南京，随后向武汉发起进攻。日寇来势汹汹，绝非善类，此时高孝贞与孩子们都在浠水，距离武汉之东二百余里，日军想要前往武汉，必然途经浠水，一旦开战，恐怕性命堪忧。即便是即刻逃离此地，一个弱女子自身尚且难保，又该如何保护孩子们。

日寇野蛮凶残，如若不逃，必然没有好下场，但是如果逃，将要面临未知的诸多险阻。对于妻子与孩子的安危，闻一多反复思量，想要找到一个稳妥的方法，却迟迟拿不定主意。妻子和孩子的安危，是他此刻最担心的事情，然而他却束手无策，只得听天由命，这种无力感压在他的胸口上，喘不过气来。6 月 13 日，他写信给妻子，说："我一生未做亏心事，并且说起来还算得一个厚道人，天会保佑你们！"

世道艰难，唯愿妻儿能够平安，这是他最大的心愿。

幸运的是，天无绝人之路，联大外语系聘请闻家驷前往昆明任教，如此一来，高孝贞与孩子们便可随叔叔一家前往昆明，一路上有人照应，这让闻一多安心不少。一行人先是来到武汉，随后抵达长沙，再乘汽车前往贵阳。

得知他们的行程后，闻一多急不可耐地写了一封信给妻子，他写道："……这些时一想到你们，就心惊肉跳，现在总算离开了危险地带，我心里稍安一点。但一想到你们在路上受苦，我就心痛。想来想去，真对不住你，向来没有同你出过远门，这回又给我逃脱了，如何叫你不恨我？过去的事无法挽救，从今以后，我一定要专心侍奉你，做你的奴仆。只要你不气我，我什么事都愿替你做，好不好？"

千难万险，都敌不过满怀的爱。一字一句全是闻一多对妻子的真情厚爱，一封家书而已，却透着浓情蜜意，信纸上托付着他的一颗赤诚之心。

8 月份，闻一多前往贵阳与妻儿会合，随后在贵州中学教师暑期训练班讲学。9 月初，一家人抵达昆明，原本设在蒙自的西南联大文法学也搬了回来，一家人终于不必再分隔两地。半年来，满是焦急的等待和守候，如今最爱的人就在身旁，唯有加倍珍惜。

解了相思之苦，性命之忧还远没有结束，日军接连不断发动空袭，为了避难，只得不停搬家。在云南的八年中，闻一多带着家人搬家八次，为了少一些担惊受怕，实在是迫不得已，试问谁愿意东躲西藏呢。

战争岁月，高孝贞一边要照看孩子们，一边要操劳家务，最辛苦的是大环境下，每个人都提心吊胆过日子，身心俱疲。随着战事越来越紧张，生活水准自然是每况愈下，通货膨胀严重，物价飞涨，吃穿用度愈发难以维持。

1937 年，闻一多作为教授，每月可领到三百五十元的薪水，而 1943 年，薪水依旧，实际却相当于 1937 年的八元七角，可见几十倍的差距。没有足够的生活费用，吃穿都成了问题，闻一多一家八口人，全部依靠他的收入来过活，一个月的薪水往往仅能维持八天，饿肚子是常有之事。

破衣蔽体，食难饱腹，成了平常，较之曾经的优渥生活，简直是天壤之别。粮食不够，肉也买不起，只有豆腐渣和白菜帮，而且豆腐也不是能经常吃到的，偶尔吃上一点，都能开心很久。

住在司家营时，村外有一条小河，为了改善生活，高孝贞会带着孩子们下河捞些鱼虾。日子愈发艰难，好在有勤劳的双手，高孝贞开出一小片荒地，种些蔬菜，以此节省开支。一切都是为了活下去，哪怕辛苦，也不得不为了家人撑下去。

1940 年冬天，在书籍衣物都已典当殆尽的情况下，为了贴补家用，闻一多只好将仅有的一件狐皮大衣寄卖，这是他唯一可以御寒的衣服。天寒地冻之下，闻一多很快就发起了高烧。看着丈夫难受的样子，高孝贞心疼极了，眼泪不由自主地落了下来，她赶忙让大儿子连夜进城将大衣赎了回来。生活虽艰苦，但怎能忍心让他受如此折磨。

生活一天苦似一天，闻一多与高孝贞的感情却一日浓似一日，夫妻二人在枪林弹雨中，相互照应，彼此扶持，他们之间有笃定的爱情、割舍不掉的亲情，以及肝胆相照的友情。

为了躲避战火，闻一多一家在郊外一住就是几年，他每周进城到校上两天课，第一天上午动身，第二天下午回家，其实附近就有马车，但他每次都是步行来回，能节省就节省，为了妻儿，辛苦一些也没关系。

高孝贞深知丈夫的辛苦，她唯一能做的就是在后方做他的后盾，免他不必要的烦忧。每到丈夫返家的那一天，她就提前打理好家务，将饭菜准备好，然后带着孩子们站在村口等他回来。他一露面，孩子们便欢快地跑到他身边，懂事地接过他的书包和手杖，一家人和和美美地往家走去。

困境之中，依旧存有美好，比如亲人的陪伴和呵护。

一家人围坐在一起，孩子们七嘴八舌地向父亲发问，闻一多则耐心地一一解答，或者教他们背诵唐诗，或者讲些故事。高孝贞在一旁笑着旁听，等孩子们安静下来，他便给妻子讲述所见所闻。生活中有苦，亦有乐，甚至喜乐多于愁苦。

闻一多喜好喝茶和抽烟，但现如今，物价之高，已然难以承受，于是他决定戒烟。他是一个有担当的丈夫，如若是对妻儿有利，他甘愿牺牲自己的乐趣。然而，妻子执意不答应，她坚定地说："你一天那么辛苦劳累，别的没有什么可享受的，就是喝口茶、抽根烟这点嗜好。为什么那么苛苦自己，我不同意，再困难也要把你的烟茶钱省出来。”

天大的磨难，一起去扛，这是不曾说出口，却始终铭记于心的誓言。

妻子的一番话，一扫他的疲惫。此后，他没有戒掉烟和茶，只是降低了档次，尤其是烟，向来抽惯了纸烟的闻一多，不得不以卷烟和旱烟代替纸烟。卷烟和旱烟价格低廉，抽起来十分呛嗓子，闻一多每次都忍不住咳嗽。妻子看在眼里疼在心里，于是默默买回一些嫩烟叶，均匀地喷洒上酒和糖水，随后切成烟丝，稍微滴上些香油，耐着性子用温和干炒，拿捏火候，最终制成独特的烟丝。

试抽之后，闻一多盛赞妻子的手艺，时常不忘向朋友介绍：“这是内人亲手为我炮制的，味道相当不错啊！”言语中尽显幸福。这就是妻子对他的爱，朴实简单，却是浓得化不开。

4. 别离三天如三秋

彭雪枫·林颖

颖：

别离才三天，好像已经三个月了，这一形容并不过火，理智排除感情，总是一阵需要斗争的事，何况是在二十四日之后，又何况是在长夜倾谈而话才吐出了千分之一的以后呢？我不愿写出这种情思，生怕引动你的更加浓厚的惦念之情，然而事实如此，叫我有什么法子呢？人们说我是个感情丰富的人，过去可以压得下，近来有点异样了，一个人的影子，自早至晚怎么样也排遣不开！外人知道了，真是有些好笑！自你走后，一般公论是：（一）太理智了，（二）太突然了，为什么不过三天呢？（三）双方离开是对的，然而也应该在“蜜月”之后，（四）离开是好的，就是太远了，（五）究竟不出众人所料堪为模范，（六）过一时期还是离近一点好，这样才能双方更易于了解，感情才更易于染浓。

……

有一个朋友，郑重其事地鼓励我，他说：人们在双方相爱以至于结婚之后，精力气魄是充足饱满的。倘是诗人必得佳作，倘是音乐家必得妙曲，倘是理论家必得美论，像列宁在结婚之后所著的《历史唯物论与经验批判论》即是结婚之后献给他的夫人的。像我——一个军人，除云指挥战斗获得胜利以外，必须写一篇或者写一本关于军事论文而又要浓厚的辩证法式的去写，这是一个极有意义和极有价值的纪念！即以此来献给你。这话使我兴奋而又惭愧！我对他说，我是心有余而力不足，可我万分赞同他的提议。自己常常打算写一点如意的东西出来，可是不是无时间便是无心情！我想我应该努力了，请你给我勇气！

几天以来，取笑的或正正经经地谈着你我的，以及远处写信来的颇为不少，给我个人的用我的名义答复了，写给我俩的用我俩的名义答复了。其中有两封须要送你过目的，一是送礼物的，没什么，一是严肃劝导的，我认为很对，特别付封送来，并将我的复函抄之如下："郑平同志：大示读悉，金石之言，感人至深！自当铭诸座右，以求不忘，并盼时赐佳言，以做明镜，相信我等必能听从，执行到底，而不给人以口实也。颖已于昨日东渡淮宝，从此各在本人工作岗位上努力为党的事业而斗争，以期不负老友之殷望，并以之答复爱护之热忱！特此敬复。雪枫林颖 9 月 27 日。"给高的信是："高峰同志：大蒜及莲藕二百斤均如数收到，隆情盛谊，何胜激感？尔后益当努力为党奋斗，以副多年战友之雅望！雪枫林颖 27 日。"

数日以来，月色如画，惟少一月下谈心的你，可谓辜负良夜太甚！此情此景此事，何日才能到来呢!？你有同感没有？比如今夜——29 日，你在做什么呢？不见你的信，难见你的信！然而我又知道你是昨天才到的淮宝，何忍责备你呢？真是矛盾！

3 日湖上生活，看了不少的书，或者写了不少的东西吧？那个朋友的写东西的建议，你认为好不好？倘若好，我们共同努力好么？像你说的，把这回事以及所牵涉的人物，微妙地描写出来，那应该是多么生动优美啊！

……

纸短言长，夜深人静，下次再写吧。是谁先给谁写呢？记着我们的时间，也许此刻现在，你同样在握笔疾书吧？

祝你愉快！

婚姻之中，夫妻最牢靠的纽带是什么，金钱还是孩子？不，应该是精神层次的共同成长。生活无论是喜是忧，能陪伴左右不离不弃的人，能携手并肩共同承受命运之重的人，才能享有真正的爱情，这其中，又夹杂着默契和恩情。

革命夫妻，除了恩恩爱爱以外，共同学习进步也尤为重要。在人生中，不是单打独斗，既已结成夫妻，两个人的命运便休戚相关，同进退，共荣辱。

彭雪枫与林颖，彼此亦师亦友，志趣相投，柴米油盐之外，有诸多乐趣。

林颖爱好写作，时常将写就的文章送给彭雪枫看，彭雪枫不仅会仔细阅读，更会提出不少意见，大到谋篇布局，小到标点错字，都会一一列举出来。

彭雪枫爱好阅读，他便会在信中向妻子谈起自己的读书情况，也不厌其烦地鼓励妻子多读书，并毫无保留地将自己读书的心得传授给她。他阅读范围广泛，涉及政治、军事、历史及文学，但凡有书在手，便会手不释卷。每每遇到好书，他便会第一时间推荐给妻子阅读，比如鲁迅的《故事新编》，他作为礼物送给她，叮嘱她一定要看。

毕竟是战争年代，平凡安逸的夫妻生活总是短暂，作为将领，还有枪林弹雨等着他去闯。

1944 年 4 月，豫湘桂会战开始，日军发起猛烈的攻势，致使中原大片国土沦陷。8 月，彭雪枫受命率部队收复豫皖苏根据地。此次作战，对战略全局而言，尤为重要。出征前，彭雪枫掷地有声地说："豫皖苏是我们的家乡，那里有我们的父母，我们的妻室子女，我们的兄弟姐妹。我们一定要把日本鬼子和敌伪军消灭掉。为了路西倚门东望的父老乡亲，我们就是战死疆场，也心甘情愿。"

1944 年 9 月，八里庄战斗打响，彭雪枫师长、张震参谋长率部来到河南夏邑县太平集日军据点八里庄外。9 月 10 日，吃过早饭后，彭雪枫便亲自率领骑兵通讯班前往各团布置任务。22 时整，战斗开始，炮火声震天，敌我双方殊死搏斗至拂晓，敌人被迫突围。关键时刻，四师骑兵团杀出，向四面八方追击敌军。

不多时，日军的残兵败将便成了俘虏，纷纷押送下战场。至此，激烈的战斗接近尾声。在师部人员的陪同下，彭雪枫走出指挥所，来到战场上进行视察。突然之间，一声枪响让众人大吃一惊，大家还未找到枪声来源时，彭雪枫却倒了下去。一时之间，战士们纷纷拥到他身旁，他"嗯"了一声，便失去了意识。

大家赶忙将他送往卫生所，可惜，为时已晚。在他的胸口上，发现了一个枪眼，并不大，但子弹就此穿过直击他的左胸，瞬间夺去了他的生命，时年37岁。

此时，林颖已有身孕，为了不影响她的情绪，让她能够平安生产，新四军党委决定暂时向她隐瞒彭雪枫牺牲的消息。根据师领导的指示，买了副上好的棺材，将他入殓，并悄悄用船送回路东，安放在成子湖边的柴滩上，随后又运回四师师部驻地半城，暂时放在附近一只停泊在濉河上的大木船里，日夜派人严加看护。

直到1945年1月21日，孩子满月后，她才知晓丈夫早已去世。她抑制不住悲伤，一时竟哭晕在灵堂上。2月7日，毛泽东、朱德、刘少奇、彭德怀等率延安各界代表千余人沉痛追悼彭雪枫，毛泽东、朱德的共同挽词是："二十年艰难事业，即将彻底完成，忍看功绩辉煌，英名永在，一世忠贞，是共产党人好榜样；千万里山河破碎，正待从头收拾，孰料血花飞溅，为国牺牲，满腔悲愤，为中华民族悼英雄。"

时任新四军军长的陈毅，是彭雪枫出生入死的兄弟，惊闻噩耗，更是悲恸欲绝。他饱含热泪，写下《哭彭八首》，其中"吾党匡天下，得君亦俊才。壮哉身殉国，遗爱万人怀。雄气压陇海，英风断淮河。荣衰何有尽，万众泪滂沱……吾人事革命，生死本寻常"，寥寥数语，难表心中悲怆。

彭雪枫生前，十分喜爱《日出》这部戏剧，他曾写道："读日出剧本或观日出演出的人们，当他已为一名革命战士时，他将更坚定更奋发更自感其为革命事业而奋斗的伟大与光荣!"

他如是说，也是如此做。对于妻子，他有愧于心，娶她过门，却没能护她一生；对于国家人民，他问心无愧，他唯有一条性命，便全然献上了。

5. 没有你，怎能活

瞿秋白·王剑宏

虹：

这两天虽然没有梦，然而我做事时总是做梦似的——时时刻刻晃着你的影子……没有你，我怎能活？以前没有你，不知我怎样过来的。我真不懂了，我将来没有你便又怎样呢？我希望我比你先没有……

瞿秋白身世坎坷，在动荡漂泊中长大成人。

1899年1月29日，瞿秋白生于江苏省常州府。瞿家是书香门第，世代为官，瞿秋白的父亲瞿世玮淡泊名利，无心经营家业，喜绘画、剑术和医道，常年寄居于叔父瞿赓甫家中。至于经济来源，则全靠在浙江做知县的大哥瞿世琥接济。母亲金璇，同样生于官宦之家，精通诗词歌赋，有五子一女，瞿秋白便是家中长子。

依赖别人的好处在于，自己省心省力，麻烦事全都靠别人担着；依赖别人的弊端在于，一旦依赖的对象失势，将会连同受到毁灭性的打击。

1903 年，瞿赓甫去世，瞿家的顶梁柱倒了，往日的安稳日子就此终结。家道衰败已然无可避免，瞿赓甫去世后，遗属开始瓜分财产。作为瞿赓甫的侄儿，瞿世玮只得离开这里，另寻他处。丧失依靠后，一家人的生活变得窘迫不堪，只能靠典当、借债度日。

任何人都不可能成为永远的后盾，即便父母，都会有年老无力的那一天，何以护孩子一世周全？更何况是旁人，变数如此之多，还是靠自己比较稳妥。

1904 年，5 岁的瞿秋白开始入私塾读书，后又转入冠英小学。五年后，他考入常州府中学堂（现江苏省常州市高级中学），正是在这个阶段，他对读书产生了浓厚的兴趣。可是，上学是需要资本支持的，后来家里实在无法凑够学费，他只得辍学。

贫穷并不可怕，可怕的是无心、无力去改变。生活已经步入绝境，母亲金璇选择服毒自尽，之前虽贫困，却也是一个完整的家，如今却落得家破人亡的地步。无可奈何之下，剩下的家人只好四处谋活路，不论亲朋还是好友，只要一个容身之所就好。

瞿秋白在杨氏小学谋得一份教书工作，生活朝着好的方向走去。1916 年年底，他有幸得到表舅母的资助，前往汉口，寄居在堂兄瞿纯白家中，并进入武昌外国语学校学习英文。经历过黑暗的洗礼，却依旧满怀对未来的热切渴望，心中有光明，周遭的黑暗又有何惧。

相遇是一场注定还是意外？注定是有缘，意外亦是有缘，瞿秋白与王剑虹是有缘人。

1923 年的夏天，燥热如往常，瞿秋白动身前往南京参加共青团“二大”，正是在这期间，他与未来的爱人相遇。就读于上海平民女子学校的王剑虹与丁玲，也参加了此次会议，她们给瞿秋白留下了深刻的印象，尤其是王剑虹，容貌姣好，谈吐不凡，美貌与智慧并存的女性自然极为可贵。

王剑虹是土家族女孩，生于四川酉阳龙潭镇，长大后出落得亭亭玉立。12 岁时，经历了丧母之痛，不幸中的万幸是，还有父亲守护左右。她的父亲是同盟会会员，曾担任孙中山广州国民政府秘书一职。

1916 年，王剑虹考入湖南省桃源县第二女子师范学校，在这里她与丁玲结为挚友。在丁玲心中，王剑虹是极为与众不同的一个人，她曾回忆："我们的教室、自修室相邻，我们每天都可以在走廊上相见。她好像非常严肃，昂首出入，目不旁视。我呢，也是一个不喜欢在显得有傲见的人的面前笑脸相迎的，所以我们都不打招呼。但她有一双智慧、犀锐、坚定的眼睛，常常引得我悄悄注意她，觉得她大概是一个比较不庸俗、有思想的同学吧。果然，在 1919 年五四运动爆发后，我们学校的同学行动起来时，王剑虹就成了全校的领头人物……她口若悬河的讲词和临机应变的一些尖锐、透辟的言论，常常激起全体同学的热情。她的每句话，都引起雷鸣般的掌声……"

能够得到同为女生的喜爱，足以证明王剑虹是真的可爱。

旧体诗是王剑虹的兴趣所在，在平民女校读书期间，她常跑到上海大学旁听俞平伯教授讲宋词，对文学的这份热爱，始终不灭，这让瞿秋白很是受感染，便引荐王剑虹和丁玲转入上海大学的文学系。瞿秋白对旧体诗也有着浓厚的兴趣，自然与王剑宏十分谈得来。此外，对俄国文学的共同热爱，更是拉近了彼此的距离，瞿秋白时常给王剑虹和丁玲单独讲解俄国文学，久而久之，爱情的火苗便越烧越旺。

瞿秋白与王剑宏的性情相似，都属于内心火热却又鲜有言辞表露的人，纵然心生情愫，表面上却矜持着。这个时候，丁玲发挥了极大的作用，成为瞿秋白与王剑宏之间的信使。

最初，瞿秋白与王剑宏两个人相互暗恋。在心上人面前，王剑虹并不自信，她在一首《他》中，显露出些许想爱却不敢爱的胆怯："回自赤都的俄乡，本有的潇洒更增新的气质，渊博才华载回异邦艺术之仓。他那学识、气度、形象，谁不钦羡、敬重？但，只能偷偷在心底收藏！"

在丁玲笔下，有关于瞿秋白的描绘很多，有这样一段话，极能展现他的生活情趣，"房里有三架装满精装外文书籍的书橱，中间夹杂得有几摞线装书。大写字台上，放着几本书、一些稿子和文房四宝；一盏笼着粉红色纱罩的台灯，给房间罩上了一层温柔的微光"。从细微之处，可见瞿秋白的为人作风。

瞿秋白与王剑虹从相识到结婚，不过是几个月的时间而已。情到浓处，婚姻是最佳选择。

1924 年 1 月，瞿秋白与王剑虹结为夫妻，生活安稳无忧。家中大事由瞿秋白的弟弟瞿云白打理，闲杂家务则由娘姨阿董负责，唯一需要王剑虹操心的事，只有瞿秋白。

瞿秋白工作繁忙，劳心劳力，有了妻子的陪伴，他便可以有片刻的身心解放。夫妻二人谈天说地，聊诗歌，聊时政，瞿秋白还会教王剑虹和丁玲唱昆曲和吹箫，甚至还会执导她们绣花。丁玲曾回忆，"他把花鸟画在绸或棉布上，再题上诗词，由我们动手绣"。

生活平淡无奇，却处处充满浓情蜜意，这就是好的爱情。

6. 相遇即是缘

胡适·韦莲司

亲爱的韦莲司小姐：

近况如何？我希望你已完全康复了。

我刚看完康奈尔戏剧俱乐部所演出的 Giuseppe [Jiacoea 的话剧《有如落叶》(Like Falling Leaves)]。演出很成功，没有业余演员的缺点。这个话剧讲的是家庭关系和他们之间的悲剧，这也是我第一次看由意大利作家所写的社会剧。

附上上星期日应 Mc.Intosh 先生邀请在他教堂所作“证词”的新闻报导。这篇报导还颇可读，同时报导了我对传教士宣传不作偏袒的态度和我的和平主义——后者是我去年雪 (Syracuse) 之旅以后讲过多次的。

我几乎没有时间预备这篇讲稿。星期五晚上我开始写，但我连一段都写不出来。我干脆不写了，（后来）写了一首诗寄给你。我 11 点上床，但却睡不着。我的思绪受到 3 月号《中国留美学生月刊》的干扰。到了 1 点，我起来写那封公开信，信也已经寄给你了。写完以后，我上床，睡得很安稳！第二天，我写了那个 30 页的“证词”。

这次讲演是我最后几次讲演中的一次。我已决定不再接受演讲的邀请了。我还得在4月的第二个星期三，为本市的妇女联合会讲一次《中国的家庭生活》。这个演讲，我在一年前就答应了他们，现在已不能回绝了。这次演讲之后，我将闭嘴！在过去三年之中，我想我做了70次演讲，这是足够了！

然而要自己保持沉默也是不容易啊！

我从公开演讲中所受到的训练，是我永远感激不尽的。而今我决定不再演说，也并非一无遗憾！

一如既往，寄上最佳祝愿。

缘分玄而又玄，有些人犹如砒霜，最好敬而远之，有些人却如蜜糖，恨不得分分秒秒腻在一起。

胡适，著名学者、诗人，他领导新文化运动蓬勃发展，大力倡导白话文，对当代文学的发展做出了卓越的贡献，他的大名也因此无人不知无人不晓。

古往今来，文人往往有着细腻的情怀，他们悲天悯人、忧国忧民，同时，他们也普遍多情。胡适一生之中，不乏知己，但无论是结发妻子江冬秀，还是红颜知己曹诚英，都不及他与韦莲司的感情。

从1914年到1962年，胡适与韦莲司的感情跨越了将近半个世纪，或许是情人，或许是朋友，他们之间并没有明确的界线，有的只是割舍不下的情思。毫不夸张地说，韦莲司是胡适生命中至关重要的一个人，胡适有四册留学日记，其中四十四页的内容与韦莲司相关。她说过的话，她做过的事，他都有所了解，她的身影出现在他生活中的每一处。

日记是一个人所想所思最真实的载体，在日记中，胡适写道："其人极能思想，读书甚多，高洁几近狂狷，虽生富家而不事服饰；一日自剪其发，仅留二三寸，其母与姊腹非之而无可如何也，其狂如此。"对她有着极高的评价："女士见地之高，诚非寻常女子所可望其肩背。余所见女子多矣，其真能见思想、识力、魄力、热诚于一身者惟一人耳。"而对自己的影响，他直言："与女士谈论最有益，以其能启发人之思想也。"

对胡适而言，称"可以导自己于正确航向的舵手"丝毫不为过，这就是韦莲司对他的意义所在。生命之中，有幸得遇如此佳人，是胡适的造化。

在遇到韦莲司之前，胡适已与江冬秀有了婚约，虽不情不愿，却始终未能斩断这副枷锁。

13岁时，母亲就干脆利落地为他敲定了婚事，未婚妻是江冬秀，家在邻县旌德，江家在当地是名门望族，母亲对这门婚事很是满意。胡适并不愿意就此应下，但他十分孝顺，母命难违，只好听从母亲的安排。

四岁时，父亲便已去世，23岁的母亲独自将他养育成人，孤儿寡母如何艰辛自是可想而知。自幼，胡适便在母亲的教导下成人、成才，对于做人和做学问，母亲都是严厉的，她是慈母也是严父。对于母亲，胡适满是敬爱之情，他深知母亲的不易，而更加感恩于母亲，对这份恩情他无以为报，唯有尽己所能地孝顺她。

既然是母亲选定了江冬秀，纵然他对她没有半点感情可言，但是为了顺从母亲的意愿，他"甘心为爱我者屈"。亲情与爱情，他只能向亲情妥协，而抛弃爱情。

随后，他前往上海读书，在这里，他接触到新潮思想，拓宽了视野和见识。尤其对封建礼教和包办婚姻，他有了更为深刻的认识，想到自身的处境，更是感慨万千。于是，他以笔为武器，埋头苦思冥想，撰写了大量抨击旧式婚姻的文章，他为女性呐喊，呼吁女性解放，破除包办婚姻对他们的毒害。

他为广大女性呼吁解放的同时，何尝不是在为自己寻求解脱，只是他有勇气为他人摇旗助威，却没有勇气拒绝自己的旧式婚姻。母亲是他的天和地，凡是会让母亲恼怒的事情，他绝对会尽量避免。孝顺和自由，他选择前者。

1901 年 9 月，胡适顺利考取庚子赔款留学生，进入美国康奈尔大学学习农科。如今他远在异国他乡，母亲更是放心不下，时常在信中嘱咐他“男女交际尤须留心”。母亲的担忧并非毫无道理，一旦他的思想发生了变化，已定的婚事怕是会有变故。

对于母亲的叮咛，胡适一字不落地放在心上，自然不敢有丝毫怠慢。不过，他写信给母亲，要求江冬秀放开缠足，务必读书识字。江家同胡适母亲的担忧是一样的，生怕这门婚事会打了水漂，立即请塾师教江冬秀读书识字。随后，江冬秀慢慢可以亲自给胡适写信，即便遣词造句方面有诸多问题，但较之以往，已然有了显著的进步。

胡适提出的要求，母亲一一照办了，而母亲一再催促他回国完婚的要求，他却次次以“儿决不以儿女婚姻之私，而误我学问之大”为由拖延时间。1917 年秋天，胡适获得哥伦比亚大学的哲学博士后，返回国内，执教于北京大学。12 月，母亲显然铁了心让他速速完婚，胡适只得速速返乡，与江冬秀完婚。

朝夕相处间，夫妻二人的感情不但没有升温，反而潜藏着诸多矛盾。

胡适对学问的潜心钻研，落在江冬秀眼中，只是无所谓的行为罢了，她实在不明白丈夫为何能够耐着性子读书写文，而且还能将此作为乐趣，在她看来，呆坐着可不如打牌来得有趣。夫妻二人的生活就不在一个节奏上，谈何相互理解，胡适身在自己的婚姻中，体会更多的是无奈。

胡适把坚守婚约看作是对母亲的回报。“吾之就此婚事，全为吾母起见，故从不曾挑剔为难（若不为此，吾决不就此婚……）”。胡适的不毁婚约，与其说是为江冬秀，不如说是为他母亲。

人生的遗憾或许会数不尽，但对胡适而言，最大的遗憾莫过于枕边人却不是知心人。

枕边人是江冬秀，知心人是韦莲司。一个在身边，一个在天边，想见的却见不到，想躲的却躲不开。

1910 年，胡适来到美国留学后，他不敢忘母亲对自己的叮嘱，四年之中，他不曾与任何女同学交往。但是，当青年画家韦莲司小姐出现后，万事万物都起了变化。

胡适在康奈尔大学读书时，正巧住在康奈尔大学教授亨利·韦莲司的旁边，中国古语有云“有缘千里来相聚”，此话不假。平日里，韦莲司夫人对胡适多有关照，两家交往甚密。

1914 年 6 月 18 日，在一个婚礼派对上，胡适与韦莲司夫人的小女儿韦莲司相遇。当时，韦莲司常住纽约，此次是回家探望父母，她比胡适年长 6 岁，虽在年龄上稍有差距，但两个人一见如故，从此开始了半个世纪的联络。

在胡适心中，韦莲司“人品高，学识富，极能思想，高洁几近狂狷，读书之多，见地之高，诚非寻常女子所可望其肩背”，更是称赞她“余所见女子多矣，其真能具思想、识力、魄力、热诚于一身者，惟一人耳”。胡适对她，赞美之词溢于言表。

韦莲司对胡适也颇有好感，他不但文质彬彬，且学识渊博，不同于其他肤浅浮躁的年轻人，与他相处，总在不经意间产生许多乐趣。

相互吸引的两个人，常结伴相约，他们沿着凯尤卡湖边散步，不知不觉间，竟然已经出数英里之外，最终又绕道返回绮色佳，三个多小时的路程，两个人却不知疲惫。他们肩并着肩，迎着徐徐清风，你一言我一语，聊得不亦乐乎。

久而久之，相处的愉悦成为他们每日追寻的快乐，但凡有空闲，几乎每天都会相约见面，这已然成为一种习惯。

相识后的第一个感恩节，韦莲司教授邀请胡适来家做客，韦莲司此时正身在外地写生，他没能见到她，心里的失落感陡然而生。晚饭过后，他坐在桌前，给她写了一封信，一字一句皆饱含对她的绵绵思念：“上周四的夜晚，我深感惆怅，寒风吹落了窗前所有的柳条，竟使我无法为一个远去的朋友折柳道别。我甚至连照片都没拍一张。我简直无法表示在过去几个月里——多么短暂的几个月啊！——我是如何地沉浸在你的友谊和善意之中……今天我在你家吃了感恩节晚餐，我们都很尽兴。可是我也觉得很难过，因为你无法和我们共度。”

相遇即是缘，一向在感情方面压抑自己的胡适，终于遇到一个可以倾心交谈的人，这是多么幸运的一件事。

第五章　情路苍茫跨越千山万水

1. 度过预定的时光

鲁迅·许广平

乖姑！小刺猬：

在沪宁车上，总算得了一个座位；渡江上了平浦通车，也居然定着一张卧床。这就好了。吃过一元半的夜饭，十一点睡觉，从此一直睡到第二天十二点钟，醒来时，不但已出江苏境，并且通过了安徽界蚌埠，到山东界了。不知道刺猬可能如此大睡，我怕她鼻子冻冷，不能这样。

车上和渡江的船上，遇见许多熟人，如马幼渔的侄子，齐寿山的朋友，未名社的一伙；还有几个阔人，说是我的学生，但我不识他们了。那么，我到北平，昨今两日，必已为许多人所知道。

今天午后到前门站，一切大抵如旧，因为正值妙峰山香市，所以倒并不冷静。正大风，饱餐了三年未吃的灰尘。下午发一电，我想，倘快，则十六日下午可达上海了。

家里一切如旧，母亲精神形貌仍如三年前，她说，害马为什么不同来呢？我答以有点不舒服。其实我在车上曾想过，这种震动法，于乖姑是不相宜的。但母亲近来的见闻范围似很窄，她总是同我谈八道湾，这于我是毫无关心的，所以我也不想多说我们的事，因为恐怕于她也不见得有什么兴趣。平常似常常有客来住，多至四五个月，连我的日记本子也都打开过了，这非常可恶，大约是姓车的男人所为。他的女人，廿六七又要来了，那自然，这就使我不能多住。

不过这种情形，我倒并不气，也不高兴，就说必须回家一趟，现在是回来了，了却一件事，总是好的。此刻是十二点，却很静，和上海大不相同。我不知乖姑睡了没有？我觉得她一定还未睡着，以为我正在大谈三年来的经历了。其实并未大谈，我现在只望乖姑要乖，保养自己，我也当平心和气，度过预定的时光，不使小刺猬忧虑。

今天就是这样吧，下回再谈。

（一九二九年）五月十五夜

他与她，有着错综复杂的开始。

爱情的萌芽，始于一段尚未结束的婚姻。

1906 年 6 月，鲁迅身在日本仙台，远渡重洋寻求救国之术。一天，忽然收到一封家书，大意为母亲病重，望其速归。孤身漂泊在外的游子，听到母亲危在旦夕的消息，来不及思考，即刻起程返乡。只是，鲁迅没想到，这是母亲善意的谎言。

迈入家门后，与想象中的情景截然不同，院中张灯结彩，弥漫着喜气。母亲哪里是病重，而是为他张罗了一门亲，万事俱备，只欠新郎官回家。茫然四顾下，鲁迅得知，母亲是听到了一些流言蜚语，有人说他与一位日本女人结了婚，甚至已有了孩子，一家三口常在东京街头散步。不明真相的母亲，自然焦急万分，只好出此下策，谎称自己病危，诓骗他回家成亲。

女方是由鲁迅叔祖母蓝太太的大儿媳谦少奶奶牵线搭桥，将蓝太太的一位内侄女儿许配给鲁迅，结成夫妻。这位姑娘名叫朱安，相貌平平，有一张狭长的脸蛋，一个突出的额头，还有一个肥硕的鼻子，实在称不上漂亮。

望着母亲期许的目光，鲁迅心有不满，却没有任何反抗，平静地接受了母亲的安排。终身大事，父母之命，媒妁之言，他权当默认了。

由于留学日本时，剪掉了辫子，所以在婚礼上，他特意戴上假辫，配上一顶红缨大帽，显得格外喜气。按照当地习俗，在新台门的神堂上，与母亲为他挑选的新娘，拜了天地，拜了高堂，随后步入新房。自此，他有了家室，是有妇之夫。

然而，被操控的婚姻，是没有灵魂的。没有两情相悦，没有海誓山盟，甚至整个过程之中，毫无兴奋，毫无感动，只是同木偶一般，顺应着他人，附和着他人。洞房花烛夜，他选择通宵达旦地看书，哪怕成了亲，也还是独身的风格。第二天，他便搬到了母亲的房间，与新婚妻子相处的时间寥寥。又度过了寡淡如水的几天，他就动身返回日本，继续求学之旅。

向来犀利的鲁迅，为何甘愿接受如此安排？没有半点反抗，没有丝毫不悦。他曾对好友许寿裳说："这是母亲给我的一件礼物，我只能好好地供养它，爱情是我所不知道的。"

在敬爱的母亲面前，爱情之于他，远不及顺从母亲的意愿重要。没有爱，又如何？除了尽孝，还有出于为朱安考虑，已经无法得到美满的婚姻，不能再因为被退婚，而一辈子遭受耻辱，他不忍心再去伤害她。况且，他总感觉自己在反清的斗争中，命不久矣，如此一来，与何人结婚，皆是无所谓的事情。

这桩由母亲促成的婚姻，与“爱”这个字眼，无半点瓜葛。本无交集的两个陌生人，被命运驱使着，结成夫妻，这一晃就是二十年。担着夫妻之名，却无夫妻之实，自顾自走着。朱安是安分守己的好媳妇，她未能得到丈夫的爱，却勤勤恳恳侍奉着婆婆，打点着家里家外。

她不去争，未必代表没有任何想法。她与普通女人一样，向往美满的婚姻，渴望得到丈夫的呵护疼爱，只是奈何，到头来两手空空。

当鲁迅和许广平定居上海后，朱安对曾是砖塔胡同的“二房东”之一的俞芳说：“过去大先生 (指鲁迅) 和我不好，我想，好好地服侍他，一切顺着他，将来总会好的。”心中有所希冀，才会无怨无悔。她说：“我好比一只蜗牛，从墙根一点一点地往上爬，虽然爬得慢，但我相信总有一天会爬到墙顶的，现在我没有办法了，我没有力量爬了。”

在许广平出现之前，等了几十年的朱安，兴许有些希望。然而，许广平走进鲁迅的生命，填补了他灵魂的空缺，给予他莫大的精神慰藉，这都是从朱安身上无法得到的。鲁迅与许广平，是精神层面的契合，高山遇流水，琴瑟相和。

感情之路，难免会有波折，也正是潜藏在四周的不确定性，考验着他们的感情，也加固着他们的感情。比如横冲直撞而来的高长虹，想要横刀夺爱，可惜未果。

高长虹，何许人也？他与许广平同岁，性格孤僻，极为反叛，却出乎意料地听从祖父安排，与一个乡下缠足女子成亲生子。没有感情的婚姻，依靠忍耐过日子，滋味如何，怕是当局者最能体会。

1924 年下半年，高长虹来到北京，开始了全新的生活。他创办《狂飙》杂志，参与“狂飙运动”，并不时造访西三条胡同的鲁迅。1925 年 4 月，鲁迅备齐酒菜，特邀高长虹、向培良、荆有麟、章衣萍等人来家中做客，商讨创办《莽原》的事。自此，高长虹与鲁迅交往甚密，一来二去，也与许广平熟识。

爱情总是开始得悄无声息，高长虹在不知不觉间爱上了许广平。这是一种隐秘的爱恋，鲁迅不知，甚至许广平都不知。在许广平写给鲁迅的信中，可见她对高长虹并无欣赏之意，从始至终，高长虹皆是单相思罢了。爱而不得，叫他食不知味、夜不能寐，长此以往，甚至走到了精神崩溃的边缘。

毫无征兆的一天，高长虹写下《一九二五，北京出版界形势指掌图》，直言鲁迅热心支持青年创办文学刊物的目的是为了“得到一个‘思想界的权威者’的空名”，甚至表示“戴其纸糊的权威者的假冠入于身心交病之状况矣”。言之凿凿，公然向鲁迅发起挑战。

前一刻还是志同道合的朋友，谁知下一刻便成了仇敌，这让鲁迅十分不解。因为不明所以，鲁迅便不去理睬，只是后来愈演愈烈，一时气不过，便写了几篇小文予以反击。只是，即便此时，他依旧猜不透高长虹为何对他有如此之大的怨气。

1926 年 11 月底，高长虹在《狂飙》上发表一首题为《给——》的诗，身旁好友有知晓内情的人，便向鲁迅稍作说明，这才让他明白过来。在诗中，高长虹自比太阳，将许广平比作月亮，而将鲁迅比作黑夜，以此加以嘲讽。

鲁迅立即给在广州的许广平去了一信，说："《狂飙》上有一首诗，太阳是自比，我是夜，月是她。我这才明白高长虹原来在害'单相思病'，以及川流不息到我这里来的原因，他并不是为'莽原'，却在等月亮。但对我竟毫不表示一些敌对的态度，直待我到了厦门，才从背后骂得我一个莫名其妙，真是卑怯得可以。我是夜，则当然要有月亮了，还要做什么诗，也低能得很。"

前有鲁迅的结发妻子，后有半路情敌高长虹，幸而他们的存在，只不过是鲁迅与许广平爱情路上的点缀。情意相合的两个人，不会因为外界的纷扰而放弃内心的渴求。

这是他们早已预定的时光，他们不徐不慢，走在时间的无涯荒野上，走得越远，心越笃定。

2. 幸福不是不可能的

徐志摩·陆小曼

小眉：

“幸福还不是不可能的”，这是我最近的发现。

今天早上的时刻，过得甜极了。只要你、有你，我就忘却一切，我什么都不想、什么都不要了，因为我什么都有了。与你在一起没有第三人时，我最乐。坐着谈也好，走道也好，上街头东西也好。厂甸我何尝没有去过，但哪有今天那样的甜法。爱是甘草，这苦的世界有了它就好上口了。眉，你真玲珑，你真活泼，你真像一条小龙。

我爱你朴素，不爱你奢华。你穿上一件蓝布袍，你的眉目间就有一种特异的光彩，我看了心里就觉着不可名状的欢喜。朴素是真的高贵。你穿戴齐整的时候当然是好看，但那好看是寻常的，人人都认得的，素服时的眉，有我独到的领略。“玩人丧德，玩物丧志”，这话确有道理。

我恨的是庸凡，平常，琐细，俗；我爱个性的表现。

我的胸膛并不大，决计装不下整个或是甚至部分的宇宙。我的心河也不够深，常常有露底的忧愁。我即使小有才，决计不是天生的，我信是勉强来的；所以每回我写什么多少总是难产，我唯一的靠傍是刹那间的灵通。我不能没有心的平安，眉，只有你能给我心的平安。在你完全的蜜甜的高贵的爱里，我享受无上的心与灵的平安。

凡事开不得头，开了头便有重复，甚至成习惯的倾向。在恋中人也得提防小漏缝儿，小缝儿会变成窟窿，那就糟了。我见过两相爱的人因为小事情误会斗口，结果只有损失，没有利益。我们家乡俗谚有："一天相骂十八头，夜夜睡在一横头"，意思说是好夫妻也免不了吵。我可不信，我信合理的生活，动机是爱，知识是南针；爱的生活也不能纯粹靠感情，彼此的了解是不可少的。爱是帮助了解的力，了解是爱的成熟，最高的了解是灵魂的化合，那是爱的圆满功德。

没有一个灵性不是深奥的，要懂得认识一个灵性，是一辈子的工作。这工作愈下愈有味，像逛山似的，唯恐进得不深。

眉，你今天说想到乡间去过活，我听了顶欢喜，可是你得准备吃苦。总有一天我引你到一个地方，使你完全转变你的思想与生活的习惯。你这孩子其实太娇养惯了！我今天想起丹农雪乌的《死的胜利》的结局；但中国人，哪配！眉，你我从今起对爱的生活负有做到他十全的义务。我们应得努力。眉，你怕死吗？眉，你怕活吗？活比死难得多！眉，老实说，你的生活一天不改变，我一天不得放心。但北平就是阻碍你新生命的一个大原因，因此我不免发愁。

我从前的束缚是完全靠理性解开的，我不信你的就不能用同样的方法。万事只要自己决心；决心与成功间的是最短的距离。

往往一个人最不愿意听的话，是他最应得听的话。

是不是，渴望的幸福，有可能会有希望？

志摩与小曼在一起，体尝到了爱情的滋味，原来他们还可以这样过活。只是，他们爱对了人，却没能赶对时间。单单小曼已婚的身份，就足以惹来方方面面的议论和指责，有夫之妇爱上他人，无论何时何地，都难以获得谅解。

自秘密公开之日起，志摩与小曼所追求的爱情，忽然变得绝望、悲凉起来，处处是阻力，那些隐秘的快乐变成匕首，插在二人的胸口，想碰触却又钻心地疼。

后知后觉的王庚，努力维持着理性，他将妻子交给她的父母，由他们出面解决。不堪入耳的话，可以不听，女儿的错却不可以置之不理。为了浇灭这段不合时宜的热火，小曼的父母采取禁足的方式，完全剥夺了她的人身自由。大门不许迈，二门不许出，老老实实待在家中闭门思过。

朝思暮想着彼此，却日日夜夜不得见，这对志摩与小曼而言，无疑是残酷的现实。抛开自由不谈，小曼承受着来自家庭社会的巨大压力，轻快的生活变得压抑，她无处可躲，只好垂着头任由他们指指点点。

没有人能够理解她，所有人都站在与她对立的一端，摆出痛心疾首的架势，苦口婆心地想要劝她及时醒悟，早早断了这孽缘。他们想要让她明白何为对错黑白，却独独忘了问，她想要的是什么。她不去辩解，也懒于去辩解，不管她如何说，她始终是罪人。

痛苦的人，还有一个志摩。想要见她一面的心是急切的，可小曼如同犯人一般被关在家里，见面谈何容易。所幸，还可以写信给她，将他之所想所感一字不落地告诉她。志摩的心，是坚定的，他也要她振作起来，为了给爱情一个公道，他们万不可就此放弃。

相比于志摩的万死不辞，小曼摇摆不定，望着年迈的父母，为了她的丑事操心，一日比一日苍老，他们只求她安分守己，她不忍再令他们失望。只是，当志摩的信接二连三交到她手中的时候，又被他的决心点燃，有了他的鼓励，她又冒出了反抗到底的念头。在爱人与父母之间，在鼓励与打压之间，她左右为难。

爱人向她献上一颗真心，让她去争取最后的解脱，可社会和家庭的墙壁，将她困在里面，动弹不得，稍有反抗，便会有千钧压顶的无力感。如今能做的，只有拖延，停在原地就已经算是胜利。

道德、家庭、社会，折磨着他们二人。志摩悲愤交加，他写下《这是一个懦怯的世界》：“这是一个懦怯的世界：/容不得恋爱，容不得恋爱！/披散你的满头发，/赤露你的一双脚；跟着我来，我的恋爱，/抛弃这个世界/殉我们的恋爱！我拉着你的手，/爱，你跟着我走；听凭荆棘把我们的脚心刺透，/听凭冰雹劈破我们的头，/你跟着我走，/我拉着你的手，/逃出了牢笼，恢复我们的自由！”犀利的措辞，毫不掩饰内心的愤恨。

可言辞再激烈，又能如何？现况照旧，未有丝毫改变。

走投无路之际，志摩收到了印度著名诗人泰戈尔的助手恩厚之的来信，说泰戈尔目前健康状况不容乐观，虚弱的老人时常惦念着志摩，此次也是希望他可以前往意大利，与老人叙旧，安抚老人的心灵。

志摩见信如见人，焦急万分却又有些许犹豫，毕竟感情的纠葛还未处理妥当，他一时拿不定主意。于是，他向老大哥胡适求助。胡适听罢，思量片刻，劝他出去走走。

志摩觉得有理，与其待在尴尬的境地束手无策，不如暂且放下执念，稍退一步。然而，与恋人分离的酸楚却是难忍。无论如何，他需要见小曼一面，有些话需要瞧着她的眼睛说。

小曼说："虽然我舍不得你走，你不在我说不定会被他们逼疯，我也会感到势单力薄，但我不会妨碍你的前途，你这次出去游历，和大诗人在一起，肯定会对你的才艺有极大的促进作用。再说，这样的环境，你在，可能更糟糕，他们会防得更紧，不如你先离开，让我与他们周旋斗争，也让时间考验一下我们的情感，看看能不能忘掉对方。"

热恋之中的人，别说是十天半月的分离，就是片刻不见，也是相思难耐。小曼如此说，却并非不痛苦。

临别在即，朋友一行人为志摩践行，小曼与丈夫一道出现在酒宴上。想要说的话太多，想要表达的不舍也太多，但是碍于周遭不相干的人，她却不得不强忍着。既是说不出口，只好借酒消愁，一杯接着一杯。醉酒的小曼，难以克制自己，不断重复着"我不是醉，我只是难受，只是心里苦"。

志摩看着她频频举杯，看着她悲痛的表情，同样是有苦说不出。他回到安静处，写道："（小曼的话）一声声像钢铁锥子刺着我的心：愤、慨、恨、急的各种情绪就像潮水似的涌上了胸头；那时我就觉得什么都不怕，勇气像天一般的高，只要你一句话出口什么事我都干！为你我抛弃一切，只是本分为你我，还顾得什么性命与名誉。"

爱人的无助，叫他肝肠寸断，可愈是受阻，他却愈是坚定。

他写信给小曼，将未能及时说出口的话说出来："想你，疼你，安慰你，爱你。我人虽走，我的心不离开你，要知道在我与你的中间有的是无形的精神线，彼此的悲欢喜怒此后是相通的，你信不信？……你这回冲锋上去吧，死了也是成功！有我在这里，阿龙，放大胆子，上前去吧，彼此不要辜负了。……天下没有不可能的事，只要你有信心，有勇气，腔子里有热血，灵魂里有真爱。龙呀！我的孤注就押在你的身上了！再如失望，我的生机也该灭绝了。"

幸福不是不可能的，此话当真？

3. 为你生，为你死

郁达夫·王映霞

映霞君：

十日早晨发了一封信，你在十日晚上就来了回信。但我在十日午后，又发一封信，不晓得你也接到了没有？我只希望你于接到十日午后的那封信后，能够不要那么的狠心拒绝我。我现在正在计划去欧洲，这是的确的。但我的计划之中，本有你在内，想和你两人同去欧洲留学的。现在事情已经弄得这样，我真不知道如何是好。我接到了你的回信之后，真不明了你的真意。我从没有过现在这样的经验，这一次我对于你的心情，只有上天知道，并没有半点不纯的意思存在在中间。人家虽则在你面前说我的坏话，但我个人，至少是很 Sincere（真诚）的，我简直可以为你而死。

沪上谣言很盛，杭州不晓得安稳否？我真为你急死了，你若有一点怜惜我的心思，请你无论如何，再写一封信给我！千万千万，因为我在系念你和你老太太的安危。啊啊，我只恨在上海之日，没有和你两人倾谈的机会，我只恨那些阻难我，中伤我的朋友。他们虽则说是在爱我爱你，故而出此，然而我伯刚那里，好几天不去了。因为去的时候，他们总以中国式的话来劝我。说我不应该这样，不应该那样。他们太把中国的礼教，习惯，家庭，名誉，地位看重了。他们都说我现在不应该牺牲，（损失太大）不应该为了这一回的事情而牺牲。不过我想我若没有这一点勇气，若想不彻底的偷偷摸摸，那我也不至于到这一个地步了。所以他们简直不能了解我现在的心状，并且不了解什么是人生。人生的乐趣，他们以为只在循规蹈矩的刻板生活上面的。结了婚就不能离婚，吃了饭就不应该喝酒。这些话，是我最不乐意听的话，所以我自你去后，尚贤坊只去了一两趟。

此外还有许多自家也要笑起来的愚事，是在你和我分开以后做的。在纸笔上写出来，不好意思，待隔日有机会相见时再和你说罢。

我无论如何，只想和你见一面，北京是不去了。什么地方也不想去，只想到杭州来一次。请你再不要为我顾虑到身边的危险。我现在只希望你有一封回信来，能够使我满意。

活着几十载，除了生死，还有什么算作大事？有，当然有，比如爱情。如果一个人为了另一个人，甘愿以死相求，大概是真的爱到骨子里了。

对王映霞，郁达夫信誓旦旦地说，可以为她生、为她死。郁达夫的狂热，让王映霞感动，但，在爱情面前，有些事还需要讲清楚，才不至于爱得不明不白、稀里糊涂。

确立恋爱关系后，在上海江南大饭店一个房间里，王映霞与郁达夫做了一番坦诚的交谈。结婚当然可考虑，只是，王映霞有自己的主张：必须明媒正娶，组成一个属于他们二人的完整世界。这个要求并不过分，既然爱，就要爱得光明磊落，坦坦荡荡。

既是王映霞的要求，郁达夫定然全力以赴加以满足，他一口答应下来。为了她，家中的妻儿皆可抛弃，爱一个人的代价是伤害另一个人，爱情有时候真的很残忍。

随之，王映霞与郁达夫的热恋开始了。郁达夫为王映霞写下情诗无数，字句全然不用斟酌，心中的一团热火喷薄而出，便酿成了诗篇。其中，传颂最广的便是“朝来风色暗高楼，偕隐名山誓白头。好事只愁天妒我，为君先买五湖舟”。

既已爱得深沉，谈婚论嫁便是顺理成章之事。

1927 年 6 月 5 日晚，在杭州聚丰园，郁达夫和王映霞举行了订婚仪式。直至 6 月 10 日，郁达夫才将此事告知结发妻子孙荃，孙荃无话可说，只能默许。这个可怜的女人，竟然是最后一个知道丈夫与他人订婚的事，不得不说，郁达夫将蜜糖给了王映霞，将砒霜给了孙荃。

婚后，郁达夫与王映霞过着惬意舒畅的小日子，物质上虽不富足，可浓情蜜意的感情着实弥补了这一点。在《半生杂忆》中，王映霞回忆道：“从此，我和郁达夫总算正式组成了家庭，但家庭里的一切用具等等，全是向木器店里租来的，因为这时我们的经济能力，无法购买这些东西。我们没有装电灯。三餐吃的，都在我母亲家里，好在住处相距只有几步路较为方便。”

爱情能否果腹，能否御寒？在郁达夫和王映霞这里，答案是能。

碍于政治环境，郁达夫和王映霞的住址并未告知亲朋好友，往来信件均由书局转送，所以免了不少来往。王映霞写道：“既无亲友的来扰，我们又很少出外去看亲友。在屋子里坐得气闷时，也就踱到附近的几条人行道上闲步，谈着过去，谈到未来，再谈及这尚未出生的小生命。饱尝了欢乐的两颗心，觉得已经再也说不出什么别的愿望了。在散步散得有点疲倦的时候，我们便又很自然地回到了小楼上。太阳成了我们的时钟，气候算作我们的寒暑表。在这十里洋场的一角，是很少能够有人体会得出我们当时的满足的。”

这时，王映霞已经怀有身孕，即将要为人母，望着日渐隆起的小腹，感到无比心满意足。平淡却被爱填满的生活，岂有不满足之理。

安稳的小日子，叫多少人羡慕不已。况且，不久后，北新书局给郁达夫出的全集先后发行，单单版税就不是个小数目，再加上平常的写作也有稿费，并不宽裕的生活逐渐有了改善，日子过得越来越有滋有味。

1927 年 9 月，郁达夫将他和王映霞的恋爱过程，编成《日记九种》一书出版发行，将他与妻子的美满婚姻昭告天下。随后，他们的第一个儿子出生，原本甜蜜的生活，因为小生命的诞生，变得更加和美。

有了坚实的经济基础，郁达夫开始筹备建造新居。1933 年 4 月 25 日，郁达夫携妻儿迁回杭州，开始倾尽家财构筑新房，完工后，他为新宅取名“风雨茅庐”，希望这里能够成为动荡时局中，安身立命之所在。

时移物换，凭着不俗的美貌和谈吐，王映霞已然成为杭州上流社交圈的名人，诸多社会名流与政界要员往来于风雨茅庐，他们畅所欲言，一睹风雨茅庐女主人的风采。

有时，热闹是好事，同样，有时也是坏事。原本平静寡淡的生活，不知何时起被外人搅得暗流涌动。随着日复一日的不得闲，夫妻间的矛盾也随之显现。

对于无谓的交际应酬，郁达夫心生厌恶，但碍于妻子不好发作，只得另寻他法。于是，他便想方设法，找各种理由在外逗留，直至深夜方才回家。甚至，为了躲清静，他应了福建省主席陈仪的邀请，南下担任省政府参议一职。

矛盾本就一触即发，偏偏就在此时，时任浙江省教育厅厅长的许绍棣搅了进来。他的今日，正如郁达夫的昨日，皆是倾心爱慕着王映霞，情书不断，其火热程度毫不逊色于郁达夫当年。

纸包不住火，郁达夫在归家后的一天，无意间发现了这些书信，一时间，怒气冲天，来不及多考虑，竟在《大公报》刊登“寻人启事”：“王映霞女士：鉴乱世男女离合本属寻常，汝与某君之关系及携去之细软衣饰金银款项契据等都不成问题，唯汝母及小孩想念甚殷，乞告以地址。郁达夫谨。”

事实上，郁达夫所言皆是妄断，王映霞只是前往朋友曹秉哲家中做客。当她看到丈夫的“寻人启事”时，火冒三丈。曹秉哲将来龙去脉告知郁达夫。怀着万分愧疚，郁达夫匆匆赶往曹家接王映霞回家。王映霞提了一个要求，她说：“如果要我回去，你必须在《大公报》上刊登道歉的启事。”

自知理亏的郁达夫，在朋友的调解下，在报上刊登了“道歉启事”：“达夫前以精神失常，语言不合，致逼走妻王映霞女士，并在登报寻找启事中，诬指与某君关系及携去细软等事。事后寻思，复经朋友解说，始知全出于误会。兹特登报声明，并深致歉意。”

世间最难复原的便是信任，稍有褶皱，都很难再如从前般平整。

虽说，郁达夫与王映霞就此事达成和解，决定既往不咎，然而，猜忌的种子已在郁达夫的心中生了根，在悄无声息间，隐隐生长。

当年，那个宣称为她生、为她死的人，如今早已同他们的爱情一起，变得面目全非。此刻之心绪，怎能平静；此刻之怒火，怎能平息。

4. 放宽心，等我

朱湘·刘霓君

亲爱的霓妹妹：

今天上午把三样功课都考了，心放下了。我近来身体好，望你不要记挂。夏天书已念完一半，快得很，就要秋天了。一到秋天，精神更好，等阳历十一月我去找一家照相馆照一张便宜一点的相。你自己身体也要保重，省得我记挂。哀情小说千万不要看了。如若有时闷点，到亲戚朋友家中走动走动。小沅小东近来都很好吗？夏天里不要买街上零食给他们，最危险，最容易传染病，年纪越小，越要多睡觉。夏天里房中可以常常多洒些臭药水，这几个钱决不可省，雇老妈子雇奶妈子都要老实，干净，千万不能要脸上身上长了疤疤结结，长了疮的，那最危险。我接到你6月12号的信说你不怪我当初，我听到真快活。我说的比仿嫖婊子，是比仿，并不是我同某某某有什么不干不净，不过那时候我心中有时对不起你，这是我请你忘记的事情。

你头痛是因为过于操心，又过于想我。最爱最亲爱的妹妹，再过几年我们就永远团圆，我们放宽了心，耐烦等着吧，你自己调养自己，爱惜身子，就如爱惜我的身子一样。因为你的身子就是我的身子。我也当然爱惜我的身子，因为我的身子就是你的身子。我们两个本是一个分离不开的。你务必把心放开一些，高高兴兴，把这几年过了，那时我们就享福了。

等待，在某个时刻，便是无言的告白。

在朱湘心中，有朝一日学成归来，他与刘霓君的生活定是美好的。

他向往着，“我算定到家的那天休息一整天。第二天日里开荤，夜里也开荤。我想家乡菜想了好几年，你这几年来也是不曾沾着一点荤菜。我们可以做一个冬笋红炖肉，一个红烧鱼。这一天我们不要通知亲戚，我们两个独自享一天福。说完了话，就吃好菜，吃完菜，又说亲亲话”。

“彭先生刚巧有一封信也是这天到，说闻先生要我去武昌武汉大学做教授。每月三百块以上的薪水。”

“这秋天闻先生要是不离开武汉大学，他的位子一定长久，我自然也跟着一样。那个时候，我从前说的让你享一点福，真就要说应了。但望如此。”

“在武昌朋友很好，一定十分热闹。我决定邀彭先生每天下午打半点钟的网球。一个人身体最要紧，身体一好，不单做事情更得力，性情也不会十分急躁。”

……

对于生活，他并无奢求，只求简单安稳，与爱妻携手度过平凡的一生。可惜，天不遂人愿，如此朴实无华的愿望都成为无望。

1929 年，朱湘接到武汉大学的聘书，他本打算第一时间赶往武昌。但是，在好友饶孟侃的劝说下，放弃了武汉大学的就职机会，选择随饶孟侃去安庆的省立安徽大学，受聘为外国文学系主任。然而，口头许诺总是过于美好。

到了安徽大学才知，外文系竟还未成立，考虑再三，他提出将外国文学系改为英文文学系的计划。在得到校长的支持后，他便热火朝天地付诸实践，一边广招名师，一边整顿内务，力求在最短的时间内将英文文学系组建起来。对工作，他劳心劳力，甚至将自己从国外买来的外文书籍和朋友所赠的译著全部赠予系资料室。如此慷慨，可见其用心良苦。

安徽大学也不吝啬，许诺朱湘三百元的薪水。这个数目在当时绝对算是高薪，有了坚实的经济基础，想让妻子享福的心意，分分钟可以实现。只要他肯就此安心，他与刘霓君的生活必然会幸福美满。

奈何，不多久又出了状况。

1931 年，长江大水，一时间物价飞涨，正是缺钱少粮的时候，学校却因经费紧张，不断减薪、欠薪，经济收入没了保障，一家人的生活又回到老样子。生活的艰辛打压着他，工作上的不顺心也让他感到压抑，同事相处多有嫌隙，他曾多次约请赵景深、戴望舒、方光焘来安大任教，但始终被校方拒绝。

时至今日，他所向往的生活，只维持了短短的一段时间。在贫困交加之际，他们的小儿子来到人世，雪上加霜的是，孩子患有脑充血病。他不得不多次找到校方索要拖欠的薪水，却迟迟得不到满意的答复，唯有理论和争吵。

可悲的是，幼小的生命因无钱医治而丧命于医院大门外。与校方关系恶化到极点，校方决定拒绝继续聘用他。没有工作，也就断了主要的经济来源，微不足道的稿酬难以维持一家人的生计。即便穷困潦倒，朱湘的骨气犹在，他宁可饿着，也不接受嗟来之食。

贫贱夫妻百事衰，可谓警示良言。由于贫穷，小儿子早早夭折，这让刘霓君痛不欲生，她将丧子之痛归咎于丈夫的无能。甜蜜的夫妻生活一去不复返，剩下的全是怨恨和不满。

为了养家糊口，朱湘奔波于北平、上海、长沙等地，只为谋一份差事。无奈的是，求职无门，只得以诗文谋生，但每况愈下，直到诗文都无处发表。

1933 年冬，天气严寒，心里却更冷。朱湘已走到山穷水尽的地步，没有钱粮，只有一堆书籍和卖不出去的诗稿。日子尽管艰难，却依旧在继续，看着无事可做的丈夫，刘霓君托朋友为他找了份工厂里的临时工作，一番好心却没能换来认同，朱湘一口回绝了她的安排。

写诗写文才是他唯一的出路，除此之外，他绝不委曲求全。诗文于他而言，便如同生命一般，他断然不会就此割舍。曾与他心心相印的妻子，此时却不能理解这一点。

活在人世间，已然了无希望。

1933 年，12 月 5 日，与以往苦不堪言的日子别无两样。朱湘揣着仅有的一些钱币，买了一张去南京的船票、一瓶酒，以及一包刘霓君最爱吃的饴糖。船航行在江面之上，刺骨的寒风拂过水面，吹过脸颊，望着欢腾的长江，朱湘纵身一跃，翻过船舷，消失在冰冷的江水之中。

这一年，他二十九岁，离而立之年仅一念之差。在生命流逝到最后一瞬，不知诗人在想些什么，想着他挚爱一生的霓君、天真无邪的孩子，还是那些来不及发表的诗篇？

江水那般凉，他有没有后悔？妻儿盼他归家，他有没有后悔？不知他是酝酿已久，还是一时冲动，总之，他选了万千方法中最懦弱的一种。自杀，需要多大的勇气，不惧死亡，却怕活着？

朱湘走了，刘霓君削发为尼，遁入空门，就此与尘缘了结。只可怜了那两个孩子，无依无靠，流落异乡，不知如何存活。

他曾说："妹妹，你心又好，做事又能干，我平常何时不记得？就是你的口厉害一点，说一句话，能刺人心，我那时就立刻糊涂了，把你的好处一齐忘了。"

日子再难，活着就有希望和出路，他怕是一时糊涂吧。

5. 没有爱便没有生命

瞿秋白·王剑宏

虹：

我们要一个共同生活相亲相爱的社会，不是要——机器、楼房啊。这一点爱苗是人类将来的希望……

要爱，我们大家都爱——是不是？

——没有爱便没有生命；谁怕爱，谁躲避爱，他不是自由人。

——他不是自由花魂。

爱是生命的全部吗？当然不是，但若是没有爱，生命便丧失了大部分的意义。太多纷繁复杂的情绪是由爱而生，来人世走一回，若是少了爱情体验，真的会有遗憾。

正如瞿秋白所说："没有爱便没有生命；谁怕爱，谁躲避爱，他不是自由人。"坦诚面对心中所爱，勇于追求心中所爱，才是一个人应有的担当。

由暗恋到明恋，由相恋到相守，瞿秋白与王剑虹并没有耗费太多时间。或许是得遇良人，所以心中安稳，终身大事便用不着犹犹豫豫。

1924 年 1 月，情深笃定的两个人走进婚姻这座围城。这一年，瞿秋白 25 岁，王剑虹 21 岁，成年男女决定共度一生，一个决定便是一辈子。

完婚后，由于上海大学将校址迁至西摩路，夫妻二人也随之迁往附近的慕尔鸣路。一幢弄堂房子，是他们遮风避雨的地方，更是他们爱的港湾，有了她便有了家。

放了寒假，瞿秋白清闲下来，有了大把的时间后，他心甘情愿地宅在家里，因为家中有娇妻。难得自由，当然不能辜负了大好时光，最佳的选择便是与爱人共度。假期匆匆而过，工作的时间一到，他便不得不将大部分时间交予学校和学生。即便离家并不远，他却惦念着妻子，归家心切。

婚后，瞿秋白格外忙碌，他不仅是上海大学的一名任课教师，还是苏联顾问的翻译。在外辛苦一天后，好不容易回到家中，他依旧不能歇息，还要忙着写文章，有时甚至会通宵达旦。每每此时，一杯浓茶、一支香烟可以驱散困意和疲乏，伴他左右的妻子便可使他愉悦，妻子便是他的精神食粮。

纵然事务繁多，瞿秋白绝不会冷落了妻子，每天忙里抽闲，都会为妻子写诗，一篇接着一篇，字里行间洋溢着至死不渝的爱意。王剑虹闲来无事也会写诗，夫妻二人以诗传情，心心相知，情深笃定。他们一起读中国历代名家的诗词，一道品评欣赏，生活中充满浪漫的诗情。

结婚不久后，瞿秋白赶赴广州出席国民党第一次全国代表大会，只好与新婚妻子暂且分别。两地分居的日子是极其难熬的，为了表达相思之情，瞿秋白几乎每天都会在五彩布纹纸上给妻子写一封信，然后等着它抵达上海，交到妻子的手中。那些无法面对面说给她听的话，都流淌于纸面之上，让她知道，他无时无刻不在想她。

王剑虹与丁玲是至交好友，丁玲与瞿秋白也是熟识已久的朋友，瞿秋白与王剑虹结婚后，时常结伴来到丁玲家，围坐在火炉旁畅聊。有时，他们会关掉电灯，漆黑一片的房间中，唯有炉火从炉盖上的一个小孔钻出来射向天花板，黄色的光暖暖的，将整间小屋装扮得格外有情调。伴着美妙的气氛，瞿秋白会讲些文坛逸事，故事的主人公有沈雁冰和郑振铎，也有徐志摩和郁达夫，他谈吐风趣，见解犀利，让两位女士听得如痴如醉。

说好要厮守到白头，然而造化弄人。

1924 年，王剑虹患上了肺病，在她的家族中，母亲和姐姐皆是因肺病而去世的，而瞿秋白也有肺病，不知她究竟是因谁而染病。不论怎样，肺病在当时是不治之症，终是难逃厄运。在王剑虹稍感不适的时候，医生误诊为怀孕的反应，所以也就没再多加考虑。当确诊为肺病时，一切都为时已晚。

患难时方见情深义重，王剑虹卧病在床，瞿秋白每天回到家中，除了继续埋头写作，就是悉心照料爱妻。看着妻子一日比一日憔悴，他心中有说不出的痛苦，何况她正在遭受的折磨说不定是他传染给她的。他如此爱她，却是她遭罪的源头，这怎能叫他不伤心。他在写给丁玲的心中坦言：“我好像预感到什么不幸。”

七月份，王剑虹的病情已然无法控制，在丈夫温暖的怀抱中，她平静地闭上了眼睛。生前，她给丈夫留下一封遗书："我生活在你的爱抚之中，虽然只有半年，我已经感到无比的满足了。半年不过是人生激流中的一片涟漪，然而它却是无比绚丽多彩的一朵浪花。病魔纵然夺走了我的生命，但不能夺走我对你的爱。南京莫愁湖上的月夜真令人留恋。你把爱的诗句刻在美丽的雨花石上，让我永远地珍藏。那时，你曾经教我吟诵普希金的诗。此刻，我又想起那美丽真诚的诗句，就让我摘用来向你永诀吧。我那么温柔专一地爱过你，我一点也不愿使你难过悲伤，愿上帝给你另一个人，也像我爱你一样。"

留在世上最后的文字，是关乎他，关乎爱，她的生命短暂，却不曾有只言片语的忧伤。在死亡面前，她选择坦然接受，能与他相爱一场，她无怨无悔。她只盼，她所爱之人能够平安喜乐，甚至愿上帝再给他一个爱人，同她一般爱他的人。

有人说当局者迷、旁观者清，瞿秋白与王剑虹甜蜜的婚姻，丁玲全部看在眼里，她在《我所认识的瞿秋白同志》中提到："尽管他们这段生活是短暂的，但过去这一段火一样的热情，海一样的深情，光辉、温柔、诗意浓厚的恋爱，却是他毕生难忘的。剑虹在他心中是天上的人儿，是仙女。"

然而，就在王剑虹去世的几个月后，瞿秋白与杨之华结婚，这让丁玲大为震惊，她不敢相信深爱着王剑虹的他，怎会这么快就有了新的爱人。

实际上，瞿秋白从未忘记过王剑虹，在他心中，她始终不可替代。1935 年，瞿秋白被关在长汀的国民党狱中，面对敌人的利诱和酷刑，他都扛了下来，他深知自己命不久矣，便写下七首诗词，其中一首

《梦回》就是为亡妻所作：“山城细雨作春寒，料峭孤衾旧梦残。何事万缘俱寂后，偏留绮思绕云山。”此时，距离王剑虹逝世已过去十一年，他的思念不曾变，一如她生前那般绵延不绝。

若说王剑虹此生有憾的话，唯有有缘相爱、无缘白首了吧。

第六章 情系一人无往地角天涯

1. 问你安好

闻一多·高孝贞

贞：

在昆明所发航空信想已收到。我们5月3日启程来蒙自，当日在开远住宿（前信说在壁虱寨，错误），次日至壁虱寨（地图或称碧色寨）换车，行半小时，即抵蒙自。到此，果有你们的信四封之多，三千余里之辛苦，得此犒赏，于愿足矣！你说以后每星期写一信来，更使我喜出望外。希望你不失信。如果你每星期真有一封信来，我发誓也每星期回你一封。在先总以为蒙自地方甚大，到此大失所望。数十年前，蒙自本是云南省内第一个繁荣的城市。但当法国人修滇越铁路的时候，愚蠢的蒙自人不知为何誓死反对他通过。于是铁路绕道由壁虱寨经过，于是蒙自的商务都被开远与昆明占去，而自己渐渐变为一个死城了。到如今，这里没有一家饭馆，没有澡堂，文具店里没有浆糊与拍纸簿，广货店里没有帐子。

这都是我到此后急于需要的东西，而发现他都没有。然而有些现象又非常奇怪。这里有的是大洋楼，例如法国海关，法国医院，歌胪士洋行等等，都是关着门没有人住的高楼大厦，现在都以每年三两元的租金租给联合大学作校舍了。自从蒙自觉悟当初反对铁路通过之失策，于是中国自己筑了一条轻便铁道，从壁虱寨经过蒙自与个旧，以至石（屏），名曰壁个石铁路，（我们从壁虱寨换车来到蒙自，便是这条铁路。）但是蒙自觉悟太晚了，他的繁荣仍旧无法挽回。直到今天，三百多学生，几十个教职员，因国难关系，逃到这里来讲学，总算给蒙自一阵意外的热闹，可惜这局面是暂时的，而且对于蒙自的补益也有限。总之，蒙自地方很小，生活很简单。因为有些东西本地人用不着，我们却不能不用的，这些东西都是外来的，价钱特别贵，所以我们初到此需要一笔颇大的“开办费”。但这些东西办够了，以后恐怕就有钱无处用了，归根的讲，我们住蒙自还是比住昆明省强。

前天经过开远的时候，遇见殷先生全家新从海道来，往昆明去。殷太太当然问起你，殷益蕃和他们大妹望着我笑，虽然没有说话，但我明白他们心里是在说：“闻立鹤闻立雕呢?”余肇池先生现在就住在我隔壁，余太太和他们全家住在昆明，大概不搬到蒙自来，反正蒙自到昆明，快车只一天路程。张荫麟在昆明，他太太住在香港，暂时不来。汪一彪在昆明，太太快来了。此外一时想不起，就住在我隔壁房间的讲，陈寅恪浦薛凤沈乃正家眷都未来。但也有租好房子，打算接家眷的，如朱佩弦王化成等是也。问你安好！

爱人，之所以称为最亲密的人，大抵是因为承担的角色最多。对丈夫而言，妻子不单单是枕边人，她是没有血缘关系的亲人，是可以谈天说地的朋友，甚至是并肩作战的同志战友。所以，妻子才成为最不可或缺的一个人。

闻一多曾说："诗人主要的天赋是爱，爱他的祖国，爱他的人民。"他如此说，也如此做。他所拥有的，除了诗人的浪漫情怀，更有着一个爱国者的铁胆忠心。

抗战期间，正是民族危亡之际，闻一多依旧坚持着诗人和学者的信仰，但同时，他更是一位民主斗士。战乱年代，民主运动蓬勃发展，离不开甘于抛头颅洒热血的有志者，他们奔走于各地，为唤起民众保家卫国的决心而努力着。

1944 年，闻一多加入中国民主同盟，他唯有一个信念，就是为中华民族的明天而奋斗。参加民主同盟的人，无一例外都是如此执著，大家团结一心，时刻准备着。在这里，闻一多受到了同志们的尊敬和爱戴，在他心中，战友之情、同志之爱比小家庭的爱更为崇高。

他曾说："同志爱是人间最崇高、最真挚、最深刻的爱。"他能够清楚地意识到，这种革命情怀对他的重要意义，"当我年轻的时候，整日在苦闷彷徨中，找不到适当出路，读《离骚》，唱《满江红》，也解决不了我的具体问题"，然而当他加入组织后，"我愉快，健康，不知疲倦，是组织的力量支持着我，生活在组织中，有一种同志爱"。

闻一多深爱着妻子，妻子对他的爱也不会比他少一分，在他的鼓舞下，原本忙碌于家务琐碎的妻子，也逐渐燃起了革命热火。有了他在前方指引，她追随着他的步伐，在他身后给予最大的支持。夫唱妇随，他去往哪里，她便跟着去哪里，他为何而战，她便同样为何而战。

战事愈发激烈，闻一多一家的生活也愈发艰难。为了解决温饱问题，闻一多决定重操铁笔，挂牌治印，目的虽是为了钱财，但是君子爱财取之有道，有些钱可以收入囊中，有些却坚决不要。

时局变化莫测，1945 年 10 月，蒋介石发动昆明事变，云南省原主席龙云被迫下台，转而由蒋介石亲信李宗黄接替他的职位。12 月 1 日，李宗黄、关麟征及邱清泉等人，竟派数百名特务、打手攻入西南联大等高校，他们将民主人士、爱国学生当作攻击目标，一通砍杀，当场死伤数十人。

泯灭人性的李宗黄，早就听说闻一多大名，为附庸风雅，他托人给闻一多送来一枚图章及丰厚的谢礼，但求闻一多为他治印。闻一多一家的生活的确艰辛，如若收下这笔钱，自然能够大大改善生活条件，但是，钱财与气节之间，闻一多毫不犹豫地选择后者，没有任何商量的余地。

高孝贞说："饿死也不要这几个臭钱！"知闻一多者，莫过于高孝贞。夫妻同心，纵使贫困交加，那又如何，总好过没有尊严。

闻一多的爱国节操广为人知，尤其是青年学生对他极为爱戴，他们时常会特地前来拜访他，闻家宾客来往不绝，格外热闹。有人请他讲演或写文章，有人就不解之事向其请教，还有的人来与他商量革命斗争的大事小情……无论何事，闻一多始终怀着一颗热诚之心，侧耳倾听，随后给予帮助。

前来拜访的大多是青年学生，对他们，闻一多如同对待自己的孩子。康伣、赵沨、庄任秋、彭兰、张世英等，他们无家可归，各有各的难处，但无一例外地住进闻家，在这里得到了久违的关怀。闻家的住房狭窄，吃穿用度也极为紧张，可是困难之中，人心的温暖最动人。高孝贞尽己所能，呵护着他们，这份恩情让他们难忘。

后方有妻子做保障，闻一多得以在民主运动中全力以赴，众多会议和活动由他主导、安排，诸多重要文件由他执笔、审定，毫无疑问，他已然成为民主运动的优秀领袖。在他工作顺利的背后，是妻子默默无闻的付出，在那个交通不便、信息不通的年代，无论是何种通知，全凭两条腿来完成。闻一多事务繁忙，一时忙不过来，高孝贞便是丈夫的左膀右臂，是他最得力的助手，去帮他通知到每一位同志。

有这样一个人，懂他所思所想，助他一臂之力，劳心劳力，不曾有过任何抱怨，甚至乐在其中。这样一个人，怎能不爱她，又怎敢辜负她。

2. 情人朋友

胡适·韦莲司

亲爱的韦莲司小姐：

多谢你今早寄给我许多有趣的东西。这个由“每日教堂”所安排的节目是非常及时的。在这个节目单上有这许多好东西，我简直不知道该选什么了。

在我看来，“选择主义”（Electicism）已是今日宗教界的一个实际情形，而“每日教堂”，我以为是要对“选择主义”作一个具体的阐释。你以为如何？

你看了Wald小姐发表在3月号《大西洋》杂志上的文章《亨利街上的房子》（The Houseon Henry Stfeet）吗？我正在为哲学俱乐部（这是由哲学系研究生所组成的一个俱乐部）写一篇报告，题目是《现代社会运动的道德意义》。因为这个原因，我正在研究不同的社会运动，诸如安置移民的工作，监狱的改革等等。我之所以选择这个题目，是因为我对它一无所知，而我应该对这些事情有些了解。要是我再去波士顿或纽约，我不去参观博物馆或图书馆了，我想去看看贫民区和移民安置的情形。在写这篇报告的时候，我迫切地感到需要有第一手的资料。也许因为缺乏实际的知识，会迫使我放弃这篇报告。我正在读我能找到的有关这个题目的书——Jane Addamms，Jaoob A.Riis 等人的书。

你一定很忙，到有空的时候再写信。春天已经到了；春假从 4 月 1 日开始。我会待在绮色佳工作。

人类是感情动物，而感情又是极为复杂的存在，支配着人的一举一动。

情人与朋友，自然是两类人，但是，如若爱而不得，那么退而求其次，就做他的朋友吧。

1915 年 1 月，胡适来到纽约与韦莲司相会，算不上许久未见，却格外想念。在韦莲司的寓所，他们畅所欲言，忘了时间和空间，直到深夜还没有半点困意。在彼此面前，总有说不完的话，任何话题都不会冷场。

之于胡适和韦莲司，那一夜是美妙的，而之于韦莲司的母亲，得知他们单独相处的事，颇为反感，甚至不断追问胡适当晚可否有其他朋友在场。其实，韦莲司的母亲有如此之大的反应并不奇怪，当时美国男女约会的地点常见的是在客厅，如若外出或在居室，一般都要有一位已婚的女士在场。

况且，美国当时有“反杂交法”，即反对异族通婚。在韦莲司母亲看来，胡适与女儿单独相处，是非常值得重视的一件事。作为母亲，她不能对潜在的“危机”坐视不理。

然而，着急的只有韦莲司母亲一人，韦莲司对此毫不在意。在她眼中，男女即便有着密切的往来，并不一定说明他们是恋爱关系，或许只是“追求心灵的交会”，而且她认为“这种心灵交会的火花，才是两性交往最高目的”。

韦莲司如此说，的确有她的道理，但事实上，她与胡适后来的独处中，她绝不满足于仅仅是心灵的交会，但凡有机会，她都会对胡适动手动脚。她的行动让胡适颇受惊吓，赶忙将自己已有婚约在身的事告诉她，希望她能够冷静下来。然而，韦莲司不但没有去抑制自己的热火，反而埋怨胡适“不够开通，不懂风情”。

胡适真的是不够开通，不懂风情吗？

对韦莲司，胡适有满腔的热情，他爱着这个姑娘，但是，又不得不顾及种种限制，一是母亲的反复叮咛，二是韦莲司母亲的坚决反对。无论是来自哪一方的压力，他都只能压抑着翻涌的感情。

胡适曾鼓起勇气向韦莲司的母亲抗议道：“韦莲司喜欢自由。”得到的回答很简单，韦母说：“这正是我所不喜欢的。”与长辈讲道理，恰恰是最难的。1916 年 1 月 27 日，还未死心的胡适致信韦莲司的母亲，他写道：“在奴役和自由之间没有中间地带。”他的一番义正词严并未有任何效果。

此后，天各一方的胡适与韦莲司以书信联络感情，薄薄的信纸上，承载着一对有情人不能明说的秘密。自他们相识以来，直到 1917 年胡适回国，他们之间已有百余封通信，洋洋洒洒的文字皆有情意在里面。最初，胡适写给韦莲司的信，内容多是以对她的感谢为主，直到 1917 年分别在即，他才显露自己的真情，诉说着他“企盼他们能举行婚礼”的愿望，以及母命难违的不得已。

在合适的年纪，遇到一个合适的人，然而依旧不适合在一起。他没有对抗两位母亲的勇气，无可奈何，那就认命吧。今后，一别两宽，各生欢喜。

胡适曾对韦莲司谈到过自己的未婚妻："她（指江）对我的思想全然一无所知，因为她连写封短短问候的信都有困难……我早已放弃让她来做我知识上的伴侣了。这当然不是没有遗憾的。"然而，即便是怀有遗憾，他都没办法说服自己反抗母亲，如今得遇知己，他有心与之天长地久，却又受限于种种因素。

1917 年，胡适即将离开美国返回故乡，道别时，他与韦莲司都心知肚明，此次分别或许此生再难相见。对韦莲司而言，还有一层痛苦，那就是她心爱着的人将要与他的未婚妻成婚，而她也将彻底失去与他共度余生的机会。

胡适在《归国记》中写道："十日晨（1917 年 6 月）到绮色佳，寓韦女士之家。连日往见此间师友，奔走极忙。在绮五日（十日至十四日），殊难别去。韦夫人与韦女士见待如家人骨肉，尤难为别。"

回国后，胡适与江冬秀完婚，几年之中，他与韦莲司默契地断了联系。直到 1923 年，饱受失恋折磨的韦莲司，忍不住给蓝颜知己胡适写了一封信，讲了自己近年来的境况。收到信后，胡适第一时间给她回信，表达了对"年轻的日子"的怀念，希望能够重温往日的温情。

相隔千山万水的两个人，此刻的思念却不逊色于当年，他们给对方写了一封又一封的书信，宛如缕缕情丝，缠绕着彼此。

怀念不如相见，1927 年年初，两个人终于盼来了再会的日子。当时，胡适趁着出席中英庚款委员会会议的机会，经欧洲赴美，在此停留了三个多月。3月，他前往绮色佳，旧地重游，与阔别十年之久的老朋友韦莲司相会。

此次重聚极为难得，时间虽十分短暂，但正是这次小聚，让这段感情有所升华。分别后，胡适给韦莲司寄了一张明信片，直言“这张明信片到达绮色佳时，我已到了太平洋岸。然而整个美洲大陆也阻隔不了我对绮色佳的魂牵梦系”。或许，毋庸置疑，他所说的“绮色佳”一定指的是韦莲司。

4月5日，分别不久后，韦莲司致信胡适，坦言自己的心酸无奈，甚至提及江冬秀，她说：“把你看作是我少有的一个好朋友，这并不是对她的不忠。你总是我心智上的启发，我非常喜欢，我并不要任何其他的东西。你们俩人同是一个不合理制度下的牺牲品。”对江冬秀，她没有丝毫反感，这是她对他坦荡的爱。

至于分离，她满是心伤，却又无力改变，她写道：“让你走，是如此的艰难，老友——但是你留下来也不会有什么好结果。生命充满了离合聚散，在离合和聚散中，我们工作。”

十年前的1917年，是他们第一次长久的分别，十年后的1927年，她终于吐露心声“让你走，是如此的艰难”。这句话，本该早些说出口，然而她没有，隐忍作别，独自舔舐分离的伤口。

韦莲司对胡适的爱持久而热烈，断然分分合合、聚少离多，她仍坚守着对他的爱，不灭不息，不眠不休。

1927年一聚，直到四年后，才有了下一次的相会。

岁月在变，人也在变，白了青丝，添了皱纹，可心中想念不变，热忱不变。

3. 你比想象更可爱

朱生豪·宋清如

我知道寂寞是深植在我们的根性里，然而如果我的生命已因你而蒙到了祝福的话，我希望你也不要想象你是寂寞的，因为我热望在你的心中占到一个最宝贵的位置。我不愿意有一天我们彼此都只化成了一个记忆，因为记忆无论如何美妙，总是已经过去已经疏远了的。你也许会不相信，我常常想象你是多么美好多么可爱，但实际见了你面的时候，你更比我的想象美好得多可爱得多。你不能说我这是说谎，因为如果不然的话，我满可以仅仅想忆你自足，而不必那样渴望着要看见你了。

甜言蜜语，只说给一个人听；浓情蜜意，只许给一个人享受。

他说："我想要在茅亭里看雨、假山边看蚂蚁，看蝴蝶恋爱，看蜘蛛结网，看水，看船，看云，看瀑布，看宋清如甜甜地睡觉。"

他又说："我找到了你，便像是找到了我真的自己。如果没有你，即使我爱了一百个人，或有一百个人爱我，我的灵魂也仍将永远彷徨着。你是 unique（独一无二）的。我将永远永远多么多么的欢喜你。”

他是朱生豪，发誓此生此世只爱宋清如一个人。其实，他不用海誓山盟，他的一言一行都在践行“爱”这个字眼。

只是，生命躲不过生老病死，纵然满腔热血，也会有冷却的那一天。

翻译工作进行到《亨利四世》时，朱生豪突然感肋间剧痛，并出现痉挛，经过诊治后，确诊为严重肺结核及并发症。在当时，这是不治之症，唯有静候死亡。身体虚弱无力的朱生豪写信给二弟，无奈说道：“这两天好容易把《亨利四世》译完。精神疲惫不堪……因为终日伏案，已经形成消化永远不良现象，走一趟北门简直有如爬山。幸喜莎剧现已大部分译好……已替中国近百年翻译界完成了一件最艰巨的工程……不知还能支持到何时！”

朱生豪病了，但家里负担不起看病的费用，而且他埋头苦译，也着实抽不出看病的时间。与此同时，宋清如有了身孕，但依然要做饭洗衣，要赚钱养家。一时间，一悲一喜，一时阳光明媚，一时愁云惨淡。

1944 年 11 月底，朱生豪的病情突然加重，他无法入睡，只得日夜静静躺在床上。忽然之间，他失去了说话的力气，想要看书更成了奢望。念着还未完成的翻译工作，他无比焦虑，宋清如日夜守在他的身边，望着他紧锁的眉头，心疼极了。

他攒了些力气，吃力地对妻子感叹：“莎翁剧作还有五个半史剧没翻译完毕，早知一病不起，就是拼着命也要把它译完。”即将为人父母的喜悦，让朱生豪充满期待，然而他的身体每况愈下，一边为妻子和还未出生的孩子担忧，一边遗憾自己还有部分内容尚未完成。

终于有一天，他们的孩子出生了，为新生命的到来倍感喜悦的同时，宋清如也不得不面对丈夫现实生命垂危。前半生，上苍待她不薄，可后半生，却又要她承受生死别离的痛苦。

1944 年 12 月 24 日，朱生豪充满歉意地告诉妻子，自己大便失禁了。宋清如赶忙一看，竟全是鲜血，她忍着眼泪，温柔地为他擦洗身体。他喃喃说道："我的一生始终是清白的。"从未做过违背良心之事，一生坦荡，无所愧疚，如今要走，也要走得干干净净。

24 日晚上，朱生豪毫无预兆地高呼一声"清如，我要去了"。宋清如慌忙之间，大声呼叫他的名字，泪水淌过脸颊，全是苦涩的味道。幸而，在她的呼唤下，朱生豪渐渐恢复了意识。她喜极而泣，哪怕只是多挽留他一分钟，对她而言都是宝贵的。

25 日中午，朱生豪双眼直视，口中念念有词，声音忽高忽低，仔细一听，竟发现他在背诵莎士比亚戏剧中的台词。

他们今生的缘分，终止于 1944 年 12 月 26 日的午后。朱生豪因肺结核等多症并发，久别人世。弥留之际，他耗尽全身的力气，喃喃说道："清如，我要去了。"这一年，朱生豪和宋清如都只有 32 岁。他对妻儿不舍，对未完成的翻译事业不舍，只是，生命到此结束，再无后续。

朱生豪曾对宋清如说："我希望世界赶快在这一瞬间毁灭，或是像太阳照着雪人一样，让我全身的机构一下子碎成粉末，布散在太空中，每一粒粉末中都含有对你的眷恋，我真不知道盈在我胸中的，是幸福、欢乐、痛苦、惆怅，或是什么？"

最为不舍的，就是妻子宋清如，这个他爱了那么多年的女人。

曾几何时，他这样说过："要是我死了，好友，请你亲手替我写一墓铭……不要写什么在碑板上，请写在你的心上，'这里安眠着一个古怪的孤独的孩子'，你肯吗？"

她当然肯，只要是他的恳求，她没有理由拒绝。只是，她要写在心上的，不是他所交代的那几个字，而是"我爱你"。

32 岁的朱生豪走了，留下 32 岁的宋清如独自面对漫漫余生。世界上最爱她的人不在了，可她必须振作起来，她没有意志消沉的时间，她活着，就不能白白活着。他有未了的心愿，她就要替他去完成。

生前，朱生豪留下三十一种、一百八十万字的莎剧手稿尚未出版，宋清如决定代他走完这段路。除了他的事业，还有他们的孩子需要她的看护，幼子嗷嗷待哺，她也必须为他撑起一片天空。

从此，宋清如的余生分为两部分，一是为丈夫出版译稿，一是抚养儿子长大成人。那些他还没来得及欣赏的风景，那些还没来得及经历的事，她都会铭记于心，未来某一日，当她走到生命尽头，与他再次重逢时，她好一一说给他听。

1955 年，宋清如向单位请了一年事假，她来到四川，在朱生豪弟弟朱文振的协助下，学着他的样子，潜心翻译莎氏历史剧。三年来，她仿佛活成了他的样子，不断翻译、整理、校勘，反反复复，直到满意，才与出版社取得联系，商讨出版事宜。

译稿的过程艰辛异常，可宋清如一直咬牙坚持，她在译稿的过程中，仿佛回到了过去，那时丈夫健在，他埋头于书本，她则洗衣做饭，生活穷苦却别有滋味。如今，是再也回不去了。

完成的那一刻，宋清如轻快无比，她终于替他完成了最后的心愿。但是，出版社的答复却让她的心情跌入谷底，因为全部翻译工作都已经交由专人进行，她的译文来得太晚了。总之一句话，她的努力是无用功。

如若朱生豪在天有灵，得知此事，该会难过吧。他遗憾到头来也未能如愿，更心疼妻子几年的辛苦付诸东流。

其实，遗憾的事不只有这一桩。后来，在一次抄家中，宋清如的译稿没能幸免于难。回望过去，在战火之中，朱生豪的译稿曾丢过两次，一次就已足够费心费神，何况是两次，丢的岂止是译稿，简直就是他的心魂。这一次，宋清如没有像丈夫那样从头再来，而是选择坦然接受。

命运让他们相遇，尝到了拥有的美味，度过一段无比欢愉的时光后，又为他们设下了死离死别的剧情，痛苦失去，饱尝哀伤。

不过，有何关系，如果命定如此，他们已然是幸运儿。

4. 你的所愿，赴汤蹈火以求之

高君宇·石评梅

你中秋前一日的信，我于上船前一日接到。此信你说可以做我唯一知己的朋友。前于此的一信又说我们可以作以事业度过这一生的同志。你只会答复人家不需要的答复，你只会与人家订不需要的约束。

你明白地告诉我之后，我并不感到这消息的突兀，我只觉得心中万分凄怆！我一边难过的是：世上只有吮血的人们是反对我们的，何以我唯一敬爱的人也不能同情于我们？我一边又替我自己难过，我已将一个心整个交给伊，何以事业上又不能使伊顺意？我是有两个世界的：一个世界一切都是属于你的，我是连灵魂都永禁的俘虏；在另一个世界里，我是不属于你，更不属于我自己，我只是历史使命的走卒。假使我要为自己打算，我可以去做禄蠹了，你不是也不希望我这样做吗？你不满意于我的事业，但却万分恳切的劝勉我努力此种事业；让我再不忆起你让步于吮血世界的结论，只悠悠的钦佩你牺牲自己而鼓舞别人的义侠精神！

我何尝不知道：我是南北飘零，生活在风波之中，我何忍使你同入此不安之状态。所以我决定：你的所愿，我将赴汤蹈火以求之，你的所不愿，我将赴汤蹈火以阻之。不能这样，我怎能说是爱你！从此我决心为我的事业奋斗，就这样飘零孤独度此一生，人生数十寒暑，死期忽忽即至，奚必坚执情感以为是。你不要以为对不起我，更不要为我伤心。

这些你都不要奇怪，我们是希望海上没有浪的，它应平静如镜；可是我们又怎能使海上无浪？从此我已是傀儡生命了，为了你死，亦可以为了你生，你不能为了这样可傲慢一切的情形而愉快吗？我希望你从此愉快，但凡你能愉快，这世上是没有什么可使我悲哀了！

写到这里，我望望海水，海水是那样平静。好吧，我们互相遵守这些，去建筑一个富丽辉煌的生命，不管他生也好，死也好。

我虽无力使海上无浪，但是经你正式决定了我们命运之后，我很相信这波澜山立狂风统治了的心海，总有一天风平浪静，不管这是在千百年后，或者就是这握笔的即刻。我们只有等候平静来临，死寂来临，假如这是我们所希望的。容易丢去了的，便是兢兢恋守着的；愿我们的友谊也如双手一样，可以紧紧握着的，也可以轻轻放开。宇宙作如斯观，我们便毫无痛苦，且可与宇宙同在。

双十节商团袭击，我手曾受微伤。不知是幸呢还是不幸，流弹洞穿了汽车的玻璃，而我能坐在车里不死！这里我还图着几块碎玻璃，见你时赠你做个纪念。昨天我忽然很早起来跑到店里购了两个象牙戒指；一个大点的我自己带在手上，一个小的我寄给你，愿你承受了它。或许你不忍吧！再令它如红叶一样的命运。愿我们用“白”来纪念这枯骨般死静的生命。

一大憾事，是爱而不得；一大痛苦，是爱得后知后觉。

高君宇是前者，石评梅是后者，明明可以互相取暖的两个人，偏偏走在交错的时空中。

石评梅，生于在动荡不安的年代，生有一副侠肝义胆的心肠。1919年，十七岁的她，考入北京女子高等师范学校，受新文化运动的影响，文学才华日益显露，她的诗句清新秀丽，脱俗雅致，颇受追捧。毕业后担任北京师范大学附属中学女子部学级主任。她对文学创作情有独钟，是五四新文化开创时期的著名女作家。

高君宇，与石评梅都是山西人，1916年考入北京大学英语系，在五四运动中，他和许德珩、匡互生等学生代表率先冲进赵家楼，他是无所畏惧的革命家。

命运自相遇之日起，便有了定数。

一次山西同乡会上，高君宇就五四学生运动的意义侃侃而谈，坐在一旁的石评梅深受感染，聚会结束后，两个人还探讨了一番。正是这次交谈，高君宇对石评梅有了别样的情愫，而石评梅对这位爱国主义青年也十分敬重。

郎有情，妾却无意，高君宇只是单相思罢了。当时，石评梅已有心上人，正是报社记者吴天放，两个人如胶似漆，正是浓情蜜意之时。望着她欢快的样子，高君宇满心爱慕，却不得不压抑自己的情感，不打扰她的幸福，也是他爱她的一种方式。平日里，能够以朋友的身份去信问候，已然很满足了。

人总是有不为人知的一面，吴天放这个风流才子，在与石评梅交往时，竟已有妻有子，更可恶的是，他故意隐瞒了这一切。天真的石评梅从未起疑，直到知道真相的那一刻，她才意识到自己的痴心热忱换来的不过是谎言和欺骗。

吴天放十恶不赦，但他的妻儿同样是受害者，石评梅不忍心再让他们受到伤害，纵然深爱，但她必须放手，就此了断，与他老死不相往来。

石评梅毫无保留地爱着吴天放，因他喜，因他忧，到头来却是一场空欢喜。自此以后，她变了一个人似的，沉浸在“说不出的悲哀”之中，她的文字风格也由此发生了转变，再难见清新活泼，却常见哀怨悲伤。

高君宇始终与她保持着书信往来，密切关注着她的心情起伏，知道她难过，他比她更难过。他想方设法为她解忧，那时陶然亭常有关于工人运动和妇女解放的演讲，他便时常邀请她一起去听，只希望她能早些从过去的不快中走出来。

时间不会因某个人而停摆，纵然心情阴郁，生活还是要继续。

从女高师毕业后，石评梅在北师大附中任教，落脚在北师大附中的教员宿舍中。其实，宿舍原本是京郊的一座破旧古庙，她称这里为“梅窠”，荒凉寂静正符合她的心境。

远在山西的高君宇，时时刻刻惦念着石评梅。当初为反抗父母之命的旧式婚姻，落下了咯血的病根，每逢寒秋，病情就会发作，所以今年他在西山静养。满山红叶，如同他对石评梅的思念，想她念她，不知她一切可好。

高君宇格外珍视彼此的缘分，深思熟虑后，终是再难抑制住澎湃的感情，他从西山碧云寺采回一片红叶，并提了两句诗：“满山秋色关不住，一片红叶寄相思。”忐忑不安的他终于决心向石评梅吐露心声，他的一腔热火与这片红叶一道，遥寄石评梅，他猜一向冰雪聪明的梅一定会明白他的苦心。

捧着那薄薄的红叶，石评梅好似捧着一颗赤诚的心，她怎么不知其中的深情厚谊，又怎会不知他的心意。只是，她在纠结和犹豫。初恋的阴影始终笼罩着她，刻骨铭心的痛楚时刻潜藏在她的体内，她一向无所畏惧，但这一次，她真的害怕了。她坚持“独身主义”，并非真的心已死，只是用这种方式作为自我保护，一次心伤就足够了，不想再去触碰第二次。

况且，她深知自己虽与吴天放恩断义绝，但这只是表面，在她的内心深处，一直有吴天放的影子在徘徊，她对他还有情，所以于情于理都不该接受高君宇的一片痴心。与其让无辜的人跟着惆怅，不如就此断了他的念想。于是，她在红叶背后写道：“枯萎的花篮不敢承受这鲜红的叶儿。”

与高君宇结识前，石评梅这一段刻骨铭心的初恋，以甜如蜜开始，以毒如砒霜结束。倾其一颗心，换来一场惨淡结局，她迟迟无法释怀。加之五四退潮，一时间，煎熬、彷徨混合一处，找不到情绪的出口。

心烦意乱之时，高君宇走进她的生命。你来我往间，志趣相投的两个人，心越靠越近。世间，情投意合之人，可遇不可求。

第七章 不离不弃穷其一生相随

1. 再也不必迟疑

徐志摩·陆小曼

小曼：

这实在是太惨了，怎叫我爱你的不难受？假如你这番深沉的冤屈，有人写成了小说故事，一定可使千百个同情的读者滴泪。何况今天我处在这最尴尬最难堪的地位，怎禁得不咬牙切齿的恨，肝肠迸裂的痛心呢？真的太惨了。我的乖！你前生作的是什么孽，今生要你来受这样残酷的报应。无论折断一枝花，尚且是残忍的行为，何况这生生的糟蹋一个最美最纯洁最可爱的灵魂？真是太难了。你的四围全是细精铁壁你便有翅膀也难飞。咳，眼看着一只洁白美丽的稚羊，让那满面横肉的屠夫擎着利刀向着它刀刀见血的蹂躏谋杀，——旁边站着不少的看客。那羊主人也许在内，不但不动伶惜反而称赞屠夫的手段，好像他们都挂着馋涎想分尝美味的羊羔哪。咳！这简直是不能想。实有的与想象的悲惨的故事我也闻见过不少。但我爱，你现在所身受的却是谁都不曾想到过，更有谁有胆量来写？

……

先前我自己仿佛站得高些，我的眼是往下望的。那时我怜你惜你疼你的感情是斜着下来到你身上来的；渐渐的我觉得我看法不对，我不应得站得比你高些，我只能平看着你。我站在你的正对面，我的泪上的光芒与你的泪上的光芒针对着，交换着。你的灵性渐渐的化入了我的，我也与你一样的觉悟了，一个新来的影响在我的人格中四布的贯彻。——现在我连平视都不敢了。我从你的苦恼与悲惨的情感里醒悟了你的高洁的灵魂的实际。这是上帝神光的反映，我自己不由得低降了下去。现在我只能仰着头献给你我有限的真情与真爱，声明我的惊讶与赞美。不错，勇敢，胆量，怕什么？前途当然是有光明的，没有也得叫他有一个。灵魂有时可以到黑暗的地狱里去旅行，但一点神灵的光亮却永远在灵魂本身的中心点着。——况且你不是确信你已经找着了你的真归宿、真想望，实现了你的梦，来让这伟大的灵魂的结合毁灭一切的阻碍，创造一切的价值，往前走吧！再也不必迟疑。

你要告诉我什么？尽量地告诉我。像一条河流似的，尽量把他的积源交给无边的大海。像一朵高爽的葵花，对着和暖的阳光，一瓣瓣的展露她的秘密。你要我的安慰，你当然有我的安慰，只要我有，我能给你，要什么有什么。我只要你做到你自己说的一句话——“Right on”。即使命运叫你在得到最后胜利之前碰着了不可躲避的死，我的爱！那时你就死。因为死就是成功，就是胜利。一切有我在，一切有爱在。同时你努力的方向得自己认清，再不容丝毫的含糊，让步牺牲是有的，但什么事都有个限度，有个止境。你这样一朵稀有的奇葩，绝不是为一对庸俗的父母，为一个庸懦兼残忍的丈夫牺牲来的。你对上帝负有责任；你对自己负有责任；尤其你对你新发现的爱负有责任。

你已往的牺牲已经是够了，你再不能轻易糟蹋一分半分的黄金光阴。人间的关系是相对的，尽职也有个道理。灵魂是要救度的，肉体也不能永久让人家侮辱蹂躏；因为就是肉体也含有灵性的。总之一句话：时候已经到了，你得 As-sertyourown Pevsonality.你的心肠太软，这是你一辈子吃亏的原因。但以后可再不能过分的含糊了。因为灵与肉实在是不能绝对分家的。要不然 Nora 何必一定得抛弃她的家，永别她的儿女，重新投入渺茫的世界里去？她为的就是她自己的人格与性灵的尊严，侮辱与蹂躏是不应得容许的。且不忙，慢慢地来。不必悲观，不必厌世，只要你抱定主意往前走，决不会走过头，前面有人等着你。以后信你得好好地收藏起来，将来或许有用。——在你申冤出气时的将来，但暂时切不可泄漏。切切！

你永远不会知道，走进你生命的某个人，会给你的人生带来怎样翻天覆地的变化，也许是改变，或者是毁灭。

志摩之于小曼，她如此说：“这样的生活一直到无意间认识了志摩，叫他那双放射神辉的眼睛照彻了我内心的肺腑，认明了我的隐痛，更用真挚的感情劝我不要再在骗人欺己中偷活，不要自己毁灭前程，他那种倾心相向的真情，才使我的生活转换了方向，而同时也就跌入恋爱了。于是烦恼与痛苦，也跟着一起来。”

感情的路上多有波折，所幸，与其血拼到底的结果是好的，有情人终成眷属，可喜可贺。所以，昨日种种非难，都可不再追究，只需念着得来的好。

1926 年 10 月 3 日，农历七月初七，牛郎织女相会的日子，志摩与小曼在北京北海公园举办了声势浩大的婚礼，前来参加婚礼的人，无一不是鼎鼎大名之人。

梁启超为这对新人证婚，他严肃地对自己的学生说：“徐志摩，你这个人性情浮躁，所以在学问方面没有成就。你这个人用情不专，以致离婚再娶……你们两人都是过来人，离过婚又重新结婚，都是用情不专。以后痛自悔悟，重新做人！愿你们这次是最后一次结婚！”

对于志摩的固执，作为老师，梁启超难以理解，对小曼，他更是有诸多意见。稍后，他写信给儿子梁思成和媳妇林徽因，更为直接地表达了不满：“徐志摩这个人其实很聪明，我爱他，不过这次看着他陷于灭顶，还想救他出来，我也有一番苦心，老朋友们对于他这番举动无不深恶痛绝，我想他若从此见摈于社会，固然自作自受，无可怨恨，但觉得这个人太可惜了，或者竟弄到自杀，我又看着他找得这样一个人做伴侣，怕他将来痛苦更无限，所以对于那个人当头一棍，盼望他能有觉悟 (但恐很难)，免得将来把徐志摩弄死，但恐不过是我极痴的婆心便了。”

在众人眼中，志摩与小曼对婚姻不忠、对朋友不义，旁观者总是说得随意，骂得轻松，当局者也不甘示弱，命是自己的，至于怎么个活法，自然也不能依着别人。

志摩说：“我之甘冒世之不韪，乃求良心之安顿，人格之独立。在茫茫人海中，访我灵魂之伴侣，得之我幸，不得我命，如此而已。”

小曼说：“真爱不是罪恶，在必要时未尝不可以付出生命的代价来争取，与烈士殉国，教徒殉道，同是一理。”

1926 年 10 月，新婚夫妇离开北京，前往志摩的家乡海宁硖石。新人归乡免不了要热闹一番，在志摩写给张慰慈的信中，可窥见一二："上海一住就住了一月有余，直到前一星期，咱们俩才正式回家，热闹得很哪。陆小曼简直是重做新娘，比在北京做的花样多得多，单说磕头就不下百次，新房里那闹更不用提。乡下人看新娘子那还了得，呆呆的几十双眼，十个八个钟头都会看过去，看得陆小曼那窘相，你们见了一定好笑死。"

只是可惜，欢快无忧的日子并未持续多久。公公徐申对新儿媳无半点好感，他先前往上海，几天后又让妻子来上海与他会合，随后老两口一道赶赴北京去找儿子的前妻张幼仪。公公的举动，让小曼伤心，不过少了长辈的束缚，她倒也倍感轻松。她与志摩种花弄草，惬意悠然，心头无半点烦忧。

但，平静的生活被炮火叨扰。1926 年 5 月，北伐战争开始，时局动乱。1927 年 1 月，二人被迫移居上海，初住在上海环龙路花园别墅 11 号，后迁至福熙路四明村 923 号。

新居所，新生活，可惜的是，婚姻不同于恋爱，当激情退却，矛盾也浮出水面。

小曼对王映霞诉说："照理讲，婚后生活应过得比过去甜蜜而幸福，实则不然，结婚成了爱情的坟墓。徐志摩是浪漫主义诗人，他所憧憬的爱，最好处于可望而不可即的境地，是一种虚无缥缈的爱。一旦与心爱的女友结了婚，幻想泯灭了，热情没有了，生活便变成白开水，淡而无味。"

志摩对婚后的生活也颇有微词，他写道："我想在冬至节独自到一个偏僻的教堂去听几折圣诞的和歌，但我却穿上了臃肿的戏袍登上台去客串不自在的腐戏。我想在霜浓月淡的冬夜独自写几行从性灵暖处来的诗句，但我却跟着人们到涂蜡的舞厅去艳羡仕女们发金光的鞋袜。”

恋爱时的你侬我侬，转眼只剩下乏味。

小两口生活上的磨合期还未安然度过，志摩父亲徐申决定停止对他们的经济支援，这也就意味着，志摩夫妇的生活自此以后要全靠自己打拼。生活不易，况且小曼的开支尤为巨大，为了供应她的花销，志摩不得不四处奔波谋生计，他同时在光华大学、东吴大学、上海法学院、南京中央大学以至北平北京大学等到处兼课，闲暇时间也不得闲，还要写诗文赚稿费。他的辛苦，依旧难以满足小曼的挥霍。

1929 年，徐志摩辞去东吴大学、大夏大学的教职，继续在光华大学执教，1930 年秋起又在南京中央大学教书，并兼任中华书局编辑、中英文化基金会委员。奔波于上海与南京两地，只是为了过日子。

1930 年秋，志摩辞去上海和南京的职务，应胡适之邀，任北京大学教授，兼北京女子师范大学教授。此次北上，志摩非常希望小曼能同他一起，他们完全可以在北京打造全新的生活，奈何小曼执意不肯，志摩只好孤身一人前往北京。

志摩是顾家的人，他惦念妻子，不得不频繁往来于上海和北京。碍于经济压力，志摩时常选择乘坐别人的免费飞机，可以省下一笔钱。但当时的飞机并未普及，其安全性并不靠谱。小曼担心他的安危，志摩只得安慰她说：“你也知道我们的经济条件，你不让我坐免费飞机，坐火车可是要钱的啊，我一个穷教授，又要管家，哪来那么多钱去坐火车呢？”

没有钱，一下子戳中了问题的关键。小曼无言以对，只好半伤心半恼怒地说："心疼钱，那你还是尽量少回来吧！"思妻心切的志摩，不顾小曼地劝阻，照旧坐飞机往来。

恋爱和婚姻，不能混为一谈。虽有争执，但能够结成夫妻实属不易，且行且珍惜。

2. 古怪的感情

鲁迅·许广平

小刺猬：

昨天从老三转上一信，想已到。今天下午我访了未名社一趟，又去看幼渔，他未回，马珏是因疮进病院多日了。一路所见，倒并不怎样萧条，大约所减少的不过是南方籍的官僚而已。

关于咱们的故事，闻南北统一以后，此地忽然盛传，研究者也很多，但大抵知不确切。上午，令弟告诉我一件故事。他说，大约一两月前，某太太对母亲说，她做了一个梦，梦见我带了一个孩子回家，自己因此很气愤。而母亲大不以气愤之举为然，因告诉她外间真有种种传说，看她怎样。她说，已经知道。问何从知道，她说，是二太太告诉她的。我想，老太太所闻之来源，大约也是二太太。而南北统一后，忽然盛传者，当与陆晶清之入京有关。我因以小白象之事告知令弟，他并不以为奇，说，这也是在意料中的。午前，我就告知母亲，说八月间，我们要有小白象了。她很高兴，说，我想也应该有了，因为这屋子里，早应该有小孩子走来走去。这种“应该”的理由，和我们是另一种思想，但小白象之出现，则可见世界上已以为当然矣。

不过我却并不愿意小白象在这房子里走来走去，这里并无抚育白象那么广大的森林。北平倘不荒芜下去，似乎还适于居住，但为小白象计，是须另选处所的。这事俟将来再议。

北平很暖，可穿单衣了。明天拟去访徐旭生。此外再看几个熟人，另外也无事可做。我觉得日子实在太长，但愿速到月底，不过那时，恐怕须走海道回了。

这里和上海不同，寂静得很。尹默、凤举，往往终日倾心政治。尹默之汽车，昨天和电车冲突，他臂膊碰肿了，明天拟去看他，并还草帽。台静农在和孙祥偈讲恋爱，日日替她翻电报号码，忙不可当。林卓凤在西山调养胃病。

我的身体是好的，和在上海时一样。据潘妈说，模样和出京时相同。我在小心于卫生，勿念，但刺猬也应该留心保养，令我放心。我相信她正是如此。

附笺一纸，可交与赵公。又告诉老三，我当于一两日内寄书一包（约四五本）给他，其实是托他转交赵公的，到时即交去。

相爱却不急于相守，是不是有些古怪？谁人不愿朝朝暮暮，谁人甘愿异地相思？或许，敢于直面距离，是由于内心笃定。

1926 年 9 月 29 日，对鲁迅和许广平这对恋人而言，意味着别离。没有泪眼朦胧，取而代之的是一腔奋斗的热火，丝毫不逊色于爱情的热烈。这一天，鲁迅与许广平结伴乘坐火车抵达上海，几天后，鲁迅搭乘“新宁”轮来到厦门，许广平则搭乘“广大”轮去往广州。

为何要远行，又为何要分离？旁观者不解，当局者却格外坚定。之所以各自远走，是为了奔前程。鲁迅受厦门大学之邀，前去执教；许广平则是决定返回故乡，为自己的事业打拼。爱情固然重要，他们却并未忽视自我的发展。

临别前，二人约定，借着此次机会，要全身心为社会服务两年，一则为了事业，二则为生活所需攒些积蓄。两年的时间，说快则在弹指一挥间，说慢则度日如年。

各走一方的决心是坚定的，谁知，相思令人苦。船儿还在前行的路上，许广平已然按捺不住，提笔写信给鲁迅：“临行之预约时间，我或者不能守住，要反抗的。”女儿家在情郎面前，总是柔情百转，俏皮可爱的模样跃然纸上。

再看鲁迅，着实也是一副相思成灾的样子。抵达厦门后，安顿好行李，即刻在纸上诉诸对小刺猬的思念。他写道：“觉得太闲，有些无聊，倒望从速开学，而且合同的年限早满。”教学工作还未正式开始，想要结束的心却急不可耐，不为别的，只是想早些与意中人团聚，以免了这相思愁苦。

不久后，许广平写来回信，她急切想知道他的想法，便问道：“My dear teacher（亲爱的老师），你为什么希望‘合同年限早满’呢？你是因为觉得诸多不惯，又不懂话，起居饮食不便么？如果对身体的确不好，甚至有妨健康，则还不如辞去的好。然而，你不是要‘去做工’么？你这样不安，怎么可以安心做工?！你有更好的方法解决没有？或者于衣食，抄写有需我帮忙的地方，也不妨通知，从长讨论。”

她柔声细语地安抚着他的不安，字里行间都沁透着关切，但凡他之所愿，皆在可以从长讨论的范畴。他们水天相隔，依靠书信稍解相思，分别的每一刻，他们不在一起，却又仿佛在一起。在通信并不发达的年代，想你了，就写一封信给你，一字一句，都在向你诉说着，我想你了。

1927年1月11日，鲁迅在给许广平的信中写道："我先前偶一想到爱，总立刻自己惭愧，怕不配，因而也不敢爱某一个人，但看清了他们的言行的内幕，便使我自信我绝不是必须自己贬抑到那样的人了，我可以爱。"

"我可以爱"，为什么不可以，为什么要闪躲？自这一刻起，驱除种种骚动，安稳地去爱一个人。再也没有什么，能够让他在爱她这件事上，存疑半分，犹豫半分。

隔着山，隔着水，饱尝相思苦的鲁迅和许广平，终于等来了厮守。1927年10月3日，二人同乘"山东"号轮船抵达上海，入住共和旅馆。10月18日上午，他们搬入东横滨路景云里第二弄二十三号，同居生活就此开始，而且是光明正大地在一起。

这时候，有人站出来，大声指责他们。有人质疑鲁迅与朱安婚姻感情的破裂，罪魁祸首便是许广平；有人强调朱安才是鲁迅的合法妻子，许广平充其量只是一个姨太太罢了。甚至，鲁迅的弟弟周作人都公开反对他们的婚姻，明确表态不予承认。

两情相悦的坚守，是抵挡蜚语流言的最好盾牌。不论外界作何议论，世人如何毒舌，都奈何不了有情人终成眷属。

在《两地书》的序言中，鲁迅说："回想六七年来，环绕我们的风波也可谓不少了，在不断的挣扎中，相助的也有，下石的也有，笑骂诬蔑的也有，但我们紧咬了牙关，却也已经挣扎着生活了六七年。其间，含沙射影者却逐渐自己没入更黑暗的处所去了，而好意的朋友也已有两个不在人间。我们以这一本书为自己纪念，并以感谢好意的朋友，并且赠我们的孩子，给将来知道我们所经历的真相，其实大致是如此的。”

许广平说：“从广州到上海以后，虽然彼此朝夕相见，然而他整个的精神，都放在工作上，所以后期十年的著作成绩，比较二十年前的著作生涯虽只占三分之一，而其成就，则以短短的十年而超过了20年。”

时间为他们证明，爱能敌得过万千否定。相濡以沫的两个人，在朝夕相伴的每一天，诠释着爱情的平凡，也见证了爱情的伟大。

1934年12月9日，鲁迅有幸购得《芥子园画谱》三集，由于原刻千金难得，所以此次鲁迅虽只是得了上海有正书局的翻造本，也很是不易。他以此赠予妻子许广平，并题诗一首，云：“十年携手共艰危，以沫相濡亦可哀；聊借画图怡倦眼，此中甘苦两心知。”

1936年10月19日凌晨5时25分，鲁迅病逝于上海大陆新村寓所。人生这段路，他先走，留她殿后。

十年茫茫，1946年10月，许广平写了一篇《十周年祭》，遥望当年，感慨道：“呜呼先生，十载恩情，毕生知遇，提携体贴，抚盲督注。有如慈母，或肖严父，师长丈夫，融而为一。呜呼先生，谁谓荼苦，或甘如饴，唯我寸心，先生庶知。”

当局者并不迷惘，旁观者未必清楚，二人一路携手，辛酸血泪都在骨子里，随着温热的血液流淌。那些狂风呼啸的夜晚，是他的呼吸声，让好梦无边。

3. 不怕，来日方长

郁达夫·王映霞

映霞：

今天早晨，我本想等火车开后再回来的，但因为怕看见了那载人离别的机关，堂堂地将你搬载了去，怕看见这机器将你从我的身旁分开，送上每天不能相见的地方去时，心里更要不快乐，更是悲哀，所以我硬了心肠一挥手就和你别了。我在洋车上，把你的信拆开来看，看完的时候，几乎放声哭了起来，就马上叫车夫拉我回去，回到南火车站去，再和你握一握手。可是走到了莱路口，又遇着一群军队的通过，把交通都断绝了。所以只好闷闷的回来。回到闸北，约略睡了一会，就有许多事务要办，又只好勉强起来应付着，一直的忙到现在。现在大家在吃晚饭，我因为早上吃得太饱，不想下去吃饭，所以马上就坐下来写这封信。映霞，你叮嘱我的话，我句句都遵守着，我以后要节戒烟酒，要发奋做我的事业了，这一层请你放心。

今天天气实在好得很，但稍觉凉了一点，所以我在流清水鼻涕，人家都以为我在暗泣。映霞，我若果真在这里暗泣，那么你总也该知道，这眼泪是为谁流的。

映霞，我相信你，我敬服你，我更感激你到了万分，以后只教你能够时时写信给我，那我在寂寞之中，还可以自慰。我只盼望我们的自由的日子到来，到那时候，我们俩可以永远地不至于离开。映霞，从前你住在梅白克路的时候，我们俩虽则不是在一个屋椽之下，但要相见的时候，只要经过一二十分钟就可以相见。那时候即使不和你相见，我心里但想着你是和我同处在上海，同在呼吸一个地方的空气，那心里就平稳许多，但现在你却去得很远了，我一想到你，就要心酸起来。映霞，这一回的小别，你大约总猜不出要使我感到多苦楚。但你的这一次的返里，却是不得已的，并且我们的来日，亦正长得很。映霞，我希望你能够利用这个机会，说得你母亲心服，好使我们俩的事情，得早一日成功。

你的信里说，今年年内我们总可以达到目的，但以我现在对你的心境讲来，怕就是三四个月也等不得。

总之，映霞，我以后要努力了，要好好儿的做人了，我想把我的事业，重新再来过一番，庶几可以不使你失望，不使人家会笑你爱错了人。

我以后不跑出去了，绝对不跑出去了，就想拼命的著书，拼命的珍惜身体，非但为了我自己，并且是为了你。

今天头昏得很，想早点睡觉，只写到此地为止，此信，当于明天一早，由我自家跑上租界上去寄出。我希望你当没有接到这一封信之先，已经有了寄给我的来书。

映霞，再见，再见！

夫妻之间，最怕的不是没有爱，而是有猜疑。

一波未平一波又起，王映霞与汉奸头目戴笠又扯出一段不明不白的关系，这让郁达夫愤懑难消。只是，婚姻不易，他愿意努力维系下去。为了重新开始，他应新加坡一家报社的邀请，携妻前往新加坡，努力重新经营婚姻生活。

愿望是好的，可现实终究没能如他所愿。

身在异乡为异客，周遭少了可以叙旧的亲朋好友，王映霞不免苦闷。但是，日子难挨的主要原因，在于夫妻间的爱意一日少于一日。遥想当初，新婚时，一样是少有人往来，日子却照样甜如蜜。如今，彼此间的爱少得可怜，王映霞的情绪难控，反复无常。

最可怕的，就是女人情绪失控，这就意味着吵架在所难免。小吵怡情，大吵伤神，接二连三的争吵，不断挑战着郁达夫的底线。终于，在一次过激的争吵后，他忍无可忍，一怒之下在报上刊登了《毁家诗纪》19首，直接将摇摇欲坠的婚姻推向了深渊。

《毁家诗纪》中，郁达夫不留丝毫情面，亲自将家丑外扬，将王映霞红杏出墙的所作所为大书特书，直指王映霞的背叛是促使家庭婚姻毁灭的罪魁祸首。

作为《毁家诗纪》中被大加责难的人，王映霞已经气炸了肺。稍后，她又得知郁达夫为了让她出丑，竟是不求稿费只求发表，更是火冒三丈。于是，一不做二不休，她也拿起笔，以《一封长信的开始》和《请看事实》予以反击。

一般来讲，夫妻吵架都是关起自家大门，免得变成他人笑柄。岂料，郁达夫竟是恨不得将私事弄得满城皆知。王映霞不是孙荃，不是可以忍气吞声的人，她写道：“为了孩子，为了12年前的诺言，为了不愿使你声名狼藉，才勉强维持这个家的残局，把你的一切丑行都淹没下去，然而你却是一个欺善怕恶、得寸进尺的人，在忍无可忍的状况下，只好把你那颗蒙了人皮的兽心揭穿了。”

见多了郁达夫讨伐王映霞，殊不知，郁达夫也有风流韵事。据说，1939年元旦，郁达夫担任《星洲日报》编辑期间，曾前往马来西亚槟榔屿参加《星洲日报》的姊妹报《星槟日报》的创办典礼，正是此次出行，结识了歌女玉娇。

有人道，玉娇艳丽多姿，颇有几分王映霞年轻时的风采。比起年老色衰且脾气暴躁的王映霞，玉娇自然更讨郁达夫欢心。不论真假，王映霞知晓一切后，对郁达夫，对婚姻，已是心灰意冷，绝望到极点。

与其互相埋怨，争吵不休，不如离婚，早早解脱，各自轻松。

1940年3月，王映霞与郁达夫在新加坡协议离婚。曾是“富春江上神仙侣”的一对璧人，竟是以这般方式分道扬镳。

说不悔，是假的。郁达夫借诗抒情，他写道：“愁听灯前儿辈语，阿娘真个几时归。”可惜，他想念的人，与之相聚，怕是遥遥无期了。

1942年，在日军攻占新加坡前，郁达夫逃亡到印尼的苏门答腊，为了保全身家性命，在朋友的介绍下，与华侨女孩何丽结婚。1945年8月29日晚，几名日本宪兵神不知鬼不觉地将郁达夫绑架，并在9月19日将其枪杀。

1942年，在重庆百龄餐厅，王映霞嫁与时任重庆华中航运局经理的钟贤道。章克标所著《文苑草木》中说：“他们的婚礼是十分体面富丽的。据说重庆的中央电影制片厂还为他们拍摄了新闻纪录片。他们在上海、杭州各报上登载了大幅的结婚广告，而且介绍人还是著名外交界名人王正廷，可见这个结婚的规格之高，怎样阔绰。”

曾经的爱人，各走各的路，互不打扰。对王映霞而言，与钟贤道另组家庭，是此生值得庆幸的事情。她与他共同携手走过了三十八年，夫妻恩爱，家庭美满，如此甚好。1980 年时钟贤道去世；2000 年，王映霞病逝，终年 92 岁，与钟贤道合葬于杭州南山公墓。

王映霞晚年无忧，她在自传中写道：“如果没有前一个他 (郁达夫)，也许没有人知道我的名字，没有人会对我的生活感兴趣；如果没有后一个他（钟贤道），我的后半生也许仍漂泊不定。历史长河的流逝，淌平了我心头的爱和恨，留下的只是深深的怀念。”

往事如烟，缥缈无形，王映霞是幸运的，不单在于她曾收获挚爱，而是经历爱与恨的更迭后，她能放下心中成见，坦然面对过去和现在。

4. 都是为你

闻一多·高孝贞

妹：

今天早晨起来拔了半天草，心里想到等你回来看着高兴，荷花也放了苞，大概也要等你回来开，一切都是为你。

患难见真情，能共浴风雨的人，才是值得托付一生的人。

你知我情深，我知你义重，大难当头不离不弃，并肩携手闯天涯。

闻一多与高孝贞，就是这样的夫妻。

1925 年，闻一多返回国内，在北平国立艺专任教。1926 年 1 月，他将妻子与女儿立瑛接来北平，一家人得以团聚，结束了他一个人的单身生活。与丈夫许久未见的高孝贞，纵使每日操劳家务忙忙碌碌，心情却明媚无比。

天大地大，能和心爱的人在一起，是多么开心的事情。纵使辛苦，也甘之如饴。

说起闻一多对妻子感情上的转变，一方面出于同情，他们本就都是旧式婚姻的牺牲品，他岂能将自己承受的痛苦怪罪于她；另一方面，高孝贞自身与旧社会的妇女有些许不同，得到闻一多的爱也并不奇怪。

高孝贞是父母唯一的孩子，自然得到了父母全部的爱。高父思想开明，对女儿宠爱有加，不让她缠足，允许她同男孩子们一起读书、玩耍，其他女孩子不敢想的事情，在她这里都是寻常。在如此开放的环境下，她习惯了自由自在，性情也格外开朗。闻家是大家庭，礼教约束众多，且格外烦琐，她初到闻家，一时手足无措，还需时日慢慢适应。加上丈夫起初的冷漠，让她更是小心翼翼，生怕惹他人不悦。

时间久了，夫妻二人的感情逐渐升温，真正体会到关心和爱护，一切都日趋明朗。如今，来到北平与丈夫团聚，脱离大家庭，组建小家庭，家中大小事务都由自己做主，整个人轻快不少。对丈夫和女儿，她倾注了全部的热情和心血，悉心照料着他们的饮食起居。闲来无事时，与丈夫一起读唐诗，一起哄女儿开心，安稳平淡中透着丝丝甜蜜，也充满了乐趣。

显然，闻一多与高孝贞是先结婚后恋爱，幸运的是，他们是真的彼此相爱。

1926 年 7 月，时局动荡，闻一多离开艺专，带着妻子和女儿回到故乡浠水。此后，他辗转于上海、南京、武汉、青岛等地任教，期间与妻子聚少离多。直到 1932 年 8 月，他回到清华，夫妻二人终于回归安定的生活。

时聚时分的这段时间，家中人口也发生了变化，长女立瑛不幸夭折，高孝贞又先后生下三个儿子——立鹤、立雕、立鹏，以及两个女儿——闻名、闻惠羽，一个小家逐渐变为大家。闻一多收入颇丰，一家人住在宽敞明亮的大房子中，全家人在每周六的晚上都会去礼堂看电影，春秋假日则去颐和园、北海、故宫或动物园游玩，生活惬意又温馨。

只是，快乐的时光总是如此短暂，无忧无虑的生活仅维持了五年，就被战火打乱了。在炮火纷飞的年代，能够保住性命已是难得，岂敢奢望曾经的欢快生活。

1937 年 7 月，卢沟桥事变爆发，日军发动大规模的侵华战争。同中国成千上万的家庭一样，闻一多一家也陷入水深火热之中，安定的日子一去不复返，只剩下颠沛流离。

6 月份，高孝贞刚刚带着两个儿子回湖北探望母亲，闻一多带着女儿留在北平。转眼到了 7 月份，战争爆发，一家人身在两地，不由得添了许多担忧。不知丈夫境况如何，高孝贞一再发加急电报，让丈夫立即带孩子们回到武汉。

此时的闻一多并不比妻子淡定，他忧心忡忡，考虑到种种情况，一时拿不定主意是去是留。若是走，平汉路走不通只能走其他路线，但是四处兵荒马乱，一路多有险阻，绝非是他一人能够护孩子们周全的；若是留，又恐北平失守，一旦被日寇占领，必将面临更大的灾难。面对两难的选择，他焦急万分，却始终难以抉择。

举棋不定间，他愈发想念妻子，于是在生命攸关的时刻，他提笔写道："这时他们都出去了，我一个人在屋里，静极了，我在想你，我亲爱的妻。我不晓得我是这样无用的人，你一去了，我就如同落了魂一样。我什么也不能做。前回我骂一个学生为恋爱问题读书不努力，今天才知道我自己也一样。这几天忧国忧家，然而心里最不快的，是你不在我身边。亲爱的，我不怕死，只要我俩死在一起。”

危难关头，愈发凸显感情的可贵。将信发出去后，他决定返回武昌。就在他准备动身的时候，他接到清华校长梅贻琦的信，告知他清华和北大、南开都迁至长沙，组成长沙临时大学。得知消息后，他决定前往长沙任教，放弃本该享受的一年休假。

临时大学开学两个多月后，战争愈演愈烈，无奈之下三所大学被迫不远万里迁往昆明，共同组成西南联合大学。寒假时，闻一多得空返回老家，途中经过武昌时，老友顾毓琇特意前来邀请他参加正在组建的战时教育问题研究委员会工作。闻一多向来对功名利禄不感兴趣，所以直接谢绝了。

闻一多认为自己的选择没有错，但和高孝贞说起此事后，她却非常生气。在她看来，丈夫若是接受这份工作，便可留在汉口，如此一来，他们夫妻二人可以一同抚养孩子，照顾家庭。她最大的担忧便是一旦日军来犯，到时候想要逃命的话，她势单力薄，一个人如何照顾好五个孩子。所以，为了护孩子们周全，她一再恳求丈夫，谁知他坚持要走。

如此关头，丈夫竟如此固执己见，怎叫她不生气。她不再多说什么，只顾低着头掉眼泪，连饭也不吃了，自顾自地生着闷气。当闻一多动身返回长沙那天，一向温顺的她竟然都没有与他告别。甚至，自他走后一个月，她都未曾给他写过只言片语。

闻一多明白，妻子此次是真的生气到了极点，他纵然难过，却不得不坚守岗位。路过武汉时，他给妻子写了封便函，希望得到妻子的原谅，随后又多次写信叮嘱妻子各种注意事项。即便如此，高孝贞始终没给他回信，甚至也不让孩子们写信。

信有来无往，这让闻一多备受煎熬，这是他最难以承受的惩罚。在如此慌乱的情况下，无法得知家中的情形，该是怎样的焦急。他不断写信，寄明信片，恳求妻子写信，甚至责备她“何以此次狠心至此”。

1938 年 2 月 15 日，闻一多再次写了封长信，向妻子解释说：“这里清华北大南开三个学校的教职员，不下数百人，谁不抛开妻子跟着学校跑？你或者怪了我没有就汉口的事，但是我一生不愿做官，也实在不是做官的人，你不应该勉强一个人做他不愿做也不能做的事。我不知道这封信写给你，有用没有。如果你真是不能回心转意，我又有什么办法？儿女们又小，他们不懂，我有苦向谁说去？”字里行间满是辛酸无奈，最后告诉妻子，他们马上要去往昆明，“如果你马上就发信到昆明，那样我一到昆明，就可以看到你的信。不然，你就当我已经死了，以后也永远不必写信来。”

原本就不是真的有心恩断义绝，如今看到丈夫竟然说出“当我已经死了”的话，心头一软，立马拿出纸笔开始写信，这一次，还叫着孩子们一起写。

1938 年 2 月 20 日，师生几百人经湘黔滇三省，行程三千三百四十二里，其中步行两千六百多里，终于在 4 月 28 日抵达昆明。到了目的地之后，闻一多见到妻子和孩子们的来信，一时间竟忘了奔波之苦，愉悦的心情化解了满身的疲惫。读完了信，他立即回信讲述一路上的经过，写道：“我的身体实在不坏，经过了这次锻炼以后，自然更好了。现在是满面红光，能吃能睡，走起路来，健步如飞。”如此写，无非是想宽慰妻子的忧心，这些苦他自己承受就可以，不愿让妻子有过多的担心。

5 月 4 日，闻一多又接到妻子的四封信。5 月 5 日抽出时间立马回信说："到此，果有你们的信四封之多，三千余里之辛苦，得此犒赏，于愿足矣！你说以后每星期写一信来，更使我喜出望外。希望你不失信，如果你每星期真有一封信来，我发誓也每星期回你一封。"

他在滇南蒙自，她在鄂东浠水，天各一方，两颗心却紧紧相连。一封封信笺，承载着他们的情意，跨越千山万水，去告诉对方，我想你，我爱你。

5. 爱过方知情重

徐志摩·陆小曼

爱妻小眉：

真糟，你化了三角一分的飞快，走了整六天才到。想是航空铁轨全叫大水冲昏了，别的倒不管，只是苦了我这几天候信的着急！

我昨函已详说一切，我真的恨不得今天此时已到你的怀抱——说起咱们久别见面，也该有相当表示，你老是那坐着躺着不起身，我枉然每回想张开胳膊来抱你亲你，一进家门，总是扫兴。我这次回来，咱们来个洋腔，抱抱亲亲何如？这本是人情，你别老是说那是湘眉一种人才做得出，就算给我一点满足，我先给你商量成不成？我到家时刻，你可以知道，我即不想你到站接我，至少我亦有人情的希望，在你容颜表情上看得出对我一种相当的热意。更好是屋子里没有别人，彼此不致感受拘束。况且你又何尝是没有表情的人？你不记得我们的“翡冷翠的一夜”在松树七号墙角里亲别的时候？我就不懂何以做了夫妻，形迹反而得往疏里去！那是一个错误。我有相当情感的精力，你不全盘承受，难道叫我用凉水自浇身？我钱还不曾领到，我能如愿的话，可以带回近八百元，垫银行空尚勉强，本月用费仍悬空，怎好？我遵命不飞，已定12日快车，14晚可到上海。记好了！连日大雨全城变湖，大门都出不去。明日如晴，先发一电安慰你。乖！我只要你自珍自爱，我希望到家见到你一些欢容，那别的困难就不难解决。请即电知文伯、慰慈，盼能见到！娘好否？至念！

你的鞋花已买，水果怕不成。我在狠命写醒世姻缘序，但笔是秃定的了，怎样好？诗倒做了几首，北大招考，尚得帮忙。老金、丽琳想你送画，他们20日走，即寄尚可及。杨宗翰（字伯屏）也求你画扇。

婚姻之中有争执，是在所难免的事，然而既然相爱，就不要总是怒气相对，殊不知，哪一刻就成了最后一刻。

有些遗憾，是以死相拼，都难以弥补的空隙。你清醒一日，便有一日的追悔莫及。可以怪命运捉弄，但别忘了，当初是谁说了狠话。

志摩和小曼的结合，是二人极为不易争取来的，他们倾注在对方身上的爱毋庸置疑，只是在婚姻这座围城之中，需要太多包容和理解，这一点他们未必懂。

1931年4月，志摩的母亲病重，他赶忙回家。原本作为儿媳，小曼理应一道前往，奈何徐申对小曼的不满根深蒂固，明令禁止她回徐家探望。父亲如此决然，让志摩心有不悦，但母亲正在病着，他只得隐忍，不能让僵局变得更糟糕。

不出几日，家父又打来电话，告知母亲病重，让儿子速速归家。这一次，志摩问道：“陆小曼怎么办？”父亲冷言：“且缓，你先安慰她几句吧！”父亲态度依旧，志摩想要坚持同妻子一道回家的想法只得作罢。

强撑几日后，志摩的母亲终是没能多在人世再留几日。这一次，小曼于情于理都应该回去。她急匆匆赶回海宁硖石，这是她嫁进徐家后，第三次来海宁。然而，即便是回来奔丧，志摩的父亲依然不允许她迈进徐家一步，无奈只好委身在一家旅馆。

与小曼的委屈形成鲜明对比的是，志摩前妻张幼仪出入自由，更是以干女儿的身份参加了徐母的葬礼。没有比较就没有伤害，徐家对小曼的不予理睬，深深刺伤了她的心。

小曼所遭受的一切，志摩都看在眼里，他当即写信宽慰道：“我家欺你，即是欺我。这是事实，我不能护我的爱妻，且不能保护自己。我也懊懑得无话可说，再加不公道的来源，即是自己的父亲，我那晚顶撞了几句，他便到灵前去放声大哭。”

不受家人认可的婚姻，注定会少一分幸福。原本，志摩与小曼已有接二连三的摩擦，夫妻感情已不如从前甜蜜，如今加上来自徐家的冷落，小曼的心也逐渐蒙上了一层阴影。

心中藏着无名火，说话的语气自是暖不起来。

1931 年 11 月上旬，小曼在上海的生活日渐拮据，她不停打电报催促志摩归家。11 月 11 日，志摩搭乘张学良的专机飞抵南京，两天后回到上海的家中。谁知，一路颠簸的疲惫感还未来得及驱散，一场更大的烦恼却在酝酿之中。

据郁达夫回忆：“当时陆小曼听不进劝，大发脾气，随手把烟枪往徐志摩脸上掷去，徐志摩连忙躲开，幸未击中，金丝眼镜掉在地上，玻璃碎了。”小别没能胜过新欢，夫妻俩的战争愈演愈烈，志摩一怒之下，摔门而出。

1931 年 11 月 18 日，志摩乘早车到南京，暂住在何竞武家。本来的计划是搭乘张学良的福特式飞机回北京，然而张学良因事改期。巧的是，当晚，林徽因在北京协和小礼堂有一场向外宾做的关于中国古代建筑的讲演，志摩归心似箭，希望能够赶上。于是，19 日，他乘坐一架邮政机飞往北京。

临行前，志摩曾给小曼发了一封短信，写道："徐州有大雾，头痛不想走了，准备返沪。"不过，他没能如他所说，而是坚定地走了。

世事难料，谁知竟是永别。受大雾影响，中午 12 时半，飞机在济南党家庄附近触山爆炸，无一人生还。据《新闻报》报道："该机于上午十时十分飞抵徐州，十时二十分继续北行，是时天气甚佳。想不到该机飞抵济南五十里党家村附近，忽遇漫天大雾，进退俱属不能，致触山顶倾覆，机身着火，机油四溢，遂熊熊，不能遏止。飞机师王贯一、梁壁堂及乘客徐志摩，遂同时遇难。死者三人皆三十六，亦奇事也。"

志摩走的这一年，小曼仅有 29 岁。得知噩耗后，她立刻昏厥过去，清醒后，便是撕心裂肺的哭声，泪流干了，却止不住呜咽。

郁达夫说："悲哀的最大表示，是自然的目瞪口呆，僵若木鸡的那一种样子，这我在陆小曼夫人当初接到徐志摩凶耗的时候曾经亲眼见到过。其次是抚棺一哭，这我在万国殡仪馆中，当日来吊的许多徐志摩的亲友之间曾经看到过。陆小曼清醒后，便坚持要去山东党家庄接徐志摩的遗体，被朋友们和家里人死命劝住了。最后决定派徐志摩的儿子徐积锴（张幼仪所生）去山东接回。”

痛在心里，是他人难以感同身受的。志摩死后，小曼身心都静下来，免去了交际，静默一人，独享对志摩的思念。

一个多月后，小曼提笔写下了《哭摩》，用文字描绘心中凄苦：“我深信世界上怕没有可以描写得出我现在心中如何悲痛的一支笔。不要说我自己这枝轻易也不能动的一枝。可是除此我更无可以泄我满怀伤怨的心的机会了，我希望摩的灵魂也来帮我一帮，苍天给我这一霹雳直打得我满身麻木得连哭都哭不出来，混（浑）身只是一阵阵的麻木。几日的昏沉直到今天才醒过来，知道你是真的与我永别了。摩！慢说是你，就怕是苍天也不能知道我现在心中是如何的疼痛，如何的悲伤！从前听人说起‘心痛’我老笑他们虚伪，我想人的心怎么觉得痛，这不过说说好玩而已，谁知道我今天才真的尝着这一阵阵心中绞痛似的味儿了。你知道么？曾记得当初我只要稍有不适即有你声声地在旁慰问，咳，如今我即使是痛死也再没有你来低声下气的慰问了。摩，你是不是真的忍心永远的抛弃我了么？你从前不是说你我最后的呼吸也须要连在一起才不负你我相爱之情么？你为什么不早些告诉我是要飞去呢？直到如今我还是不信你真的是飞了，我还是在这儿天天盼着你回来陪我呢，你快点将未了的事情办一下，来同我一同去到云外优游去吧，你不要一个人在外逍遥，忘记了闺中还有我等着呢！”

早知有今日分别，当初又岂会冷眼相对！可惜，时间直行，没有后退一说。曾经种种，都可轻易将人虐得体无完肤。

1932 年，在海宁硖石召开了徐志摩的追悼会，徐申如极力阻止小曼参加，无奈下，她只得以一副挽联诉说心意：

多少前尘成噩梦，五载哀欢，匆匆永诀，天道复奚论，欲死未能因母老；

万千别恨向谁言，一身愁病，渺渺离魂，人间应不久，遗文编就答君心。

醉过知酒浓，爱过知情重。只是明白得太晚，后悔得太迟，那些脱口而出的冷言冷语，都无法收回了，不知志摩生命的最后一刻，脑海闪现的是过往的温柔，还是不快。

第八章 恩爱不疑不顾相思愁苦

1. 我知道你最清晰

卢隐·李唯健

异云：

我本是抱定决心在人间扮演，不论悲欢离合甜酸苦辛的味儿，我都想尝，人说这世界太复杂了，然而我嫌它太单调，我愿用我全生命的力去创造一个福音博和的世界；我愿意我是为了这个愿望而牺牲的人，我愿意我永远是一出悲剧的主人；我愿我是一首又哀婉绮丽的诗歌；总之，我不愿平凡！——纵使平凡能获得女王的花冠，我亦将弃之如遗。啊异云，你不必替我找幸福，不用说幸福是不容易找到，我也不见得会收受。你要知道，有了绝大的不幸，才有冷鸥，冷鸥便是一切不幸的根蒂。唉，异云，我怨吗？我恨吗？不，不，绝不，我早知道我的生是为呕吐心血而生的。我是点缀没有生气的世界而来的，因之荆棘越多，我的血越鲜红，我的智慧也越高深。

我怀疑做人——尤其怀疑做幸福的人：什么夫荣妻贵？子孙满堂？他们的灵魂便被这一切的幸福遮蔽了，哪里有光芒？哪里有智慧？到世界上走一趟，结果没有懂得世界是什么样？自己是什么东西？啊，那不是太滑稽得可怜了吗？异云，我真不愿意是这一类的人！在我生活的前半段几乎已经陷到这种可悲的深渊里了，幸亏坎坷的命运将我救起，我现在既然已经认识我自己了，我又哪敢不把自己捉住，让他悄悄地溜了呢。

世俗上的人都以为我是为了坎坷的命运而悲叹而流泪，哪里晓得我仅仅是为了自己的孤独——灵魂的孤独而太息而伤心呢？可是人到底是太蠢了；为什么一定要求人了解呢？孤独岂不更隽永有味吗？我近来很觉悟此后或者能够做到不须人了解而处之泰然的地步，异云，那时便是我得救的时候了。我的心波太不平静，忽然高掀如钱塘潮水，有时平静如寒潭静流；所以我有时是迷醉的，有时是解脱的，这种梦幻不定的心，要想在人间求寄托，不是太难了吗？——啊，我从此将如长空孤雁永不停住于人间的橱上求栖止，人间自然可以遗弃我的，我呢，也应当学着遗弃人间。

异云，我有些狂了，我也不知说什么疯话，请原谅我吧！昨天你对我说暑假后到广东去，很好！只要你觉得去与你是有兴趣的，你就去吧；我现在最羡慕人有奔波的勇气，我呢，说来，可怜便连这一点兴趣都没有！——我的心也许一天要跑十万八千里，然而我的身体是一块朽了的木头，不能挪动，一挪动，好像立刻要瓦解冰消，每天支持在车尘蹄迹之下奔驰，已经够受，哪里还受得起惊涛骇浪的掀腾？哪里还过得起戴月披星的生活？啊异云，我本是秋风里的一片落叶，太脆弱了！

异云，我写到这里，不期然把你昨天给我的信看了一遍，不知哪里来的一股酸味直冲上来，我的眼泪满了眼眶，——然而我咽下去那咸的涩的眼泪——我是咽下去了哟！唉！这世界什么是值得惊奇的？什么是值得赞美的？我怀疑！——唉！一切都是让我怀疑！什么恋爱？什么友谊？都只是一个太虚渺的幻影！啊！我曾经追寻过，也曾经想捉着过，然而现在，至少是此刻，我觉得我不需要这些！——往往我需要什么呢？我需要失却知觉，啊，你知道我的心是怎样紊乱呢？除了一瞑不视，我没有安派我自己的方法。

但是异云，请你不必为我悲伤。这种不可捉摸的心波，也许一两天又会平静，一样的酬应于大庭广众之中，欢歌狂吟，依然是浪漫的冷鸥。至于心伤，那又何必管它呢？或者还有人为了我的疯笑而忌妒我的无忧无虑呢？啊，无穷的人生，如此而已，哓哓不休，又有什么意思？算了吧，就此打住。

许多人在生命中匆匆而过，他们是微不足道的过客吗？不是。

有过交集的所有人，以各种各样的方式影响着接下来的生活，甚至是他们，引导人生进入不同的入口，得以有不同的结果。

对郭梦良，卢隐深切地爱过，甚至情愿与世俗背道而驰。只是命运无常，郭梦良的去世，让卢隐下定决心由福建老家返回北京。三年的婚姻生活，充满不如意，与其将就过活，不如重新开始。

有缘的人终会相见，也许她绕的那个弯，就是为了遇到他。

回到北京后，卢隐生命中的重要人物登场，此人便是李唯健。他比卢隐小九岁，是清华大学的学生，喜好诗歌创作。与卢隐倾向悲观不同，他是乐观的人。一冷一热，自相识便无话不说。皆是推崇文字的人，自然少不了书信往来，想要说的话都流淌在纸上，盼君过目。

正当二人沉浸在倾心交谈的乐趣中时，街头巷尾却满是他们的传闻，也难怪，一个是清华才子，一个是带着女儿独自生活的妇人，很容易引起外人的议论。

起初，卢隐心有顾虑，她不愿将李唯健拖入一摊浑水之中。然而，李唯健却叫她安心，他对人生的态度改变了卢隐的想法，让她得以有勇气直面自己的感情。风言风语又如何，心是她自己的，身是她自己的，至于与谁相处交往，旁人哪来的发言权。

她想去爱，便去爱，无须他人同意。于是，她主动屏蔽了所有令人不快的言语，敞开心，与李唯健交往起来。她爱得坦荡，甚至将彼此私密的六十八封情书取名《云欧的通信》并出版，这是他们爱情的见证，也让那些满口闲言碎语的人瞧瞧，他们就是相爱了。

议论声仍旧不绝于耳，可却铁了心要爱下去，不仅要谈恋爱，还要结婚。在一片哗然中，卢隐与李唯健结为夫妻，婚后夫妻二人去往日本，定居于东京郊外，过着神仙眷侣般的婚姻生活。

夫妻恩爱有加，不久又添一女，四口之家其乐融融。只是，微薄的收入实在难以维持一家人的生活，尤其是要抚养两个孩子，夫妻俩的压力颇大。为了让日子过得好一些，卢隐时常通宵写作，平日里节衣缩食，奈何钱还是不够用。

生活艰难，以至于在卢隐生产第二胎时，根本拿不出去医院的医药费，只得花低价请了位助产士来帮她生产。或许，贫穷真的能够置人于死地。生产过程中，卢隐难产，最终因失血过多，撒手人寰。这一年，她只有三十六岁。

卢隐去世后，李唯健守着残破贫寒的家，独自养育两个年幼的孩子。缺衣少粮的日子，让他不堪重负，无奈之下，只好将卢隐与郭梦良的女儿交由卢隐的舅父抚养，他则带着小女儿回到四川老家安度下半生。姐妹二人分别时，年岁尚小，她们尚且不能明白父亲的决定，这一别，便是一生。

三十六年的生命历程，短暂却醒目。卢隐自我评价道："我是个畸形发展的人物，也是一个富于男性色调的人物。"她在缺失关爱的环境下长大，在寄人篱下中旁观人情冷暖，她倾向于悲观主义，看万事万物都带着清冷的目光。可是，正是这样的卢隐，却拿得起、放得下，对爱坚定执著，曾不被爱，却从未怀疑过爱，始终敢爱敢恨。

卢隐与同为新文化时代才女的石评梅是好友，时常把酒言欢，堪称千杯不醉。庐隐在小品文《醉后》中，有一段关于她们喝酒时的描写，"我们如同疯了一般，一杯，一杯，接连着向唇边送，好似鲸吞鲵饮。也不知道什么时候，把一小坛子酒吃光了，可是我还举着杯'酒来，酒来'叫个不休"。

不醉不归，既然要喝，那就喝个尽兴。凡事她都求一个痛快，就如喝酒一般，对爱情亦是如此。

她说："我就是喜欢玩火,我愿让火把我烧成灰烬。"痛苦寂寥，她必然承担；快乐欢愉，她也定会争取。

或许，人生苦短、甜多、情长。

2. 不顾蜚语流言

蒋光慈·宋若瑜

瑜妹如握：

读8月10日由开封寄来之快信，悲喜交集；吾妹为爱我故，而备受许多之谣言与痛苦，实令我深感不安！吾妹虽备受许多之谣言与痛苦，而仍不减对我之爱情，斯诚令我愉快已极，而感激无尽也。

北京会晤，畅叙数年相思之情怀，更固结精神之爱恋，诚为此生中之快事。孰知风波易起，谣言纷出，至吾妹感受无名之痛苦，扪心自问，我实负其咎，斯时我身在塞北，恨不能即生双翼至吾妹前，请吾妹恕有我之罪过，而我给吾妹以精神上之安慰。

惟我对吾妹有不能已于言者：社会黑暗，习俗害人，到处均是风波，无地不有荆棘，吾侪若无反抗之大胆及直挠不屈之精神，则将不能行动一步，只随流逐浪为被征服者可矣。数千年男女之习惯及观念，野蛮无理已极，言之令人可笑而可恨。中国人本非无爱情者，惟爱情多半为礼教所侵噬，致礼教为爱情之霸主。

噫！牺牲多矣！今者，吾侪既明爱情之真义，觑破礼教之无人性，则宜行所欲为，不必再顾忌一般之习俗。若一方顾忌习俗，一方又讲恋爱，则精神苦矣。父母固爱子女者，然礼教之威权能使父母牺牲其自身子女而不顾，戕杀其子女而不惜；子女若欲作礼教之驯徒，则只有牺牲爱情之一途。吾妹若真健者，请千万勿为一般无稽谣言及父母指责所痛苦，置之不问可耳。我深不忍吾妹因我而受苦痛！吾妹若爱我，则斩金截铁爱我可耳，遑问其他。若真因我而受苦痛，而不能脱去此苦痛，则请吾妹将我……

吾妹之受痛苦皆为我故，斯诚为我最伤心之事！我将何以安慰吾妹耶？近来每一想及我俩身事，辄唏嘘而不知所措。我本一漂泊诗人，久置家庭于不顾；然吾妹奈何？人生有何趣味？恋爱亦有人从中干涉，所谓个人自由，所谓人权云乎哉？噫！今之社会，今之人类！

吾妹！我永远不甘屈服于环境！我将永远为一反抗，为一赞诵革命之诗人！

珍重！珍重！

人言可畏，蒋光慈与宋若瑜却不怕，哪管闲言碎语，只想大胆去爱，旁人说三道四又何妨？爱一个人，就要经得住各种打击。

六年的书信往来，终于等来匆匆一聚。这段漫长的信中情侣，见面后只有一个想法，他们确定彼此是值得携手一生的人。

1925 年 7 月 20 日是两个人第一次见面，7 月 28 日宋若瑜便按捺不住思念给蒋光慈写了一封信，她感叹道："旅馆握别，怅然若失！……数日来迷糊若梦，不知所以！"她的心魂早已都飞到了爱人那里，完全不由自主，除了想念别无其他。

7 月 31 日，宋若瑜的母亲抵达北京，她与丈夫并不反对女儿与蒋光慈的婚事，但毕竟是人生大事，做父母的难免有诸多顾虑。蒋光慈恨不得马上将心爱之人娶回家，但宋若瑜有自己的打算，她深爱着这个男人，不过还是希望先以学业为重，毕业后再结婚也不迟。

宋若瑜之所以选择暂不结婚，并非爱得不够深，相反，是她与他的爱情足够坚定，给了她“拖延”的勇气。

8 月 1 日，蒋光慈马不停蹄赶往北京，与宋若瑜的母亲见面。母亲对蒋光慈很是认可，只是不同意他们马上结婚，而且了解到蒋光慈先前曾有过订婚，她打算详细地调查一番，她不能让自己的女儿稀里糊涂就嫁给他。

订婚一事并不复杂，这要从蒋光慈还在读书的时候说起。那时，邻村的大户王家对他很是满意，便上门提亲，毕竟来的不是一般人家，蒋家不得不在权势面前低头，只好应了下来。对于此事，蒋光慈自然避之不及，为了躲婚，他一直没回过家。毕竟有了婚约，长此以往也不是办法，蒋家便将已订婚的未婚媳妇王书英以女儿身份嫁了出去，蒋光慈还以哥哥身份送了 500 银元作陪嫁。

8 月 3 日，在谈了两天后，蒋光慈碍于公务在身，不得不返回工作岗位。遗憾的是，蒋光慈与未来丈母娘谈得并不愉快。

8 月 6 日，宋若瑜随母亲返回开封。谁知，刚回到开封，便听到议论纷纷，许多根本子虚乌有的事情成了街坊邻居茶余饭后的谈资。捕风捉影的谣言传到宋若瑜父母耳中，父母自然是怒气冲天，可在宋若瑜看来，这些事都无须介怀。可是，父母怎会心平气和地接受旁人的败坏，便不断指责她。谣言传得再厉害，宋若瑜都是无所谓的态度，然而父母的不理解让她痛心。随后，她便回到南京复学。

好在这个时候蒋光慈已经回到上海大学执教，与恋人相聚的机会多了起来，两个人你侬我侬，很快便忘了烦忧。

1925 年 11 月 17 日，宋若瑜偶然在《英文选》上看到《紫兰花下》，这是一首伤感的英文诗，她被诗中可爱女郎死后的凄美所感染，赶忙提笔翻译，随后寄给蒋光慈，嘱托他修改一下并将后三节也翻译出来。

当时，只觉得故事动人，谁知他们的命运也会如此颠簸。

1926 年元月，宋若瑜返回开封过年，岂料一病不起。听闻恋人身体不适，蒋光慈心急如焚，赶忙前去探望。幸运的是，经过治疗，宋若瑜已无大碍。考虑到她的健康状况，蒋光慈希望宋若瑜退学，然后去上海休养。

宋若瑜听了他的话，前往上海，一边在上海美术专科学校听课作画，一边悉心调理身体。他们在卡德路（今石门二路）一座石库门房子定居下来，享受着恩爱有加的夫妻生活。

这段生活美妙到无以复加，日后回想起来，满是幸福，也满是悲伤。蒋光慈回忆当时，笑中带泪地说道："在法国公园里，我和若瑜并肩坐在荷花池边，互相依偎着，向那欢欣、圆满而晶莹的明月望去，两人默然不语，如被幸福的酒浆所溶解似的，恍惚升入仙境。"

或许，他们的幸福，连上苍看到了都有些嫉妒。于是，在婚后仅仅一个月的时间，宋若瑜的肺病复发，这次极其严重，到了头晕休克的地步。眼见着爱人如此遭罪，蒋光慈遍访名医，盼着能让她早日康复。一位名医指出，宋若瑜已然到了肺病的第三期，在上海已无治疗的办法，不如去庐山进行疗养。

蒋光慈救妻心切，带着妻子日夜兼程赶到庐山，这里寄托着他们对生的希望。此时，宋若瑜已是高烧不退，庐山的青松绿柏、鸟语花香，无疑给了她美好的愿景。安顿好妻子，蒋光慈便带着万分的担忧返回上海。

8 月 22 日，宋若瑜写信给丈夫，告诉他自己近日来已经退烧，而且可以照常吃饭，计划到 10 月份便回去，希望他能寻一处空气清新又有厨房的房子，待她回去准备自己下厨，另外希望他能寄一张照片给她以解相思。

9 月 10 日，她收到了丈夫的照片，心情愉悦地回信道，下个月就回上海与他团聚；9 月 15 日，她在给丈夫的回信中说道，自己已好了许多，不再发烧，等时局平定就回去。谁知，此后她却持续发烧，精神状态差了很多，甚至难以握笔写字。

11 月 6 日，蒋光慈飞一般地赶往庐山牯岭医院，可惜，他的妻子已没有了呼吸和心跳。在丈夫不在身边的情况下，她离开了人世，没能与他好好道别，甚至没能来得及看他最后一眼。太多遗憾，今生是无法弥补了。

爱妻故去，这让蒋光慈痛不欲生，她才 23 岁，他们的婚姻才刚刚开始，她却先走一步，留下一个满是悲伤的他。

1928 年 11 月 6 日，宋若瑜两周年忌日，蒋光慈伴着泪水写下《牯岭遗恨》：在云雾迷蒙的庐山高峰/有一座静寂的孤坟/那里永远地躺着我的她/——我的不幸的早死的爱人。

思念一个人的滋味或许有苦有甜，但是思念一个故去的人，更多的是抑制不住的伤感。

1931 年 8 月 31 日，蒋光慈因病去世，年仅 30 岁。弥留之际，他仍念着自己的爱人，用尽力气呼喊道：“若瑜，请在庐山等我……”

她会听到的吧，不枉费他最后的执念。

3. 甘于守护

梁启超·李惠仙

蕙仙鉴：

南海师来，得详闻家中近状，并闻卿慷慨从容，辞色不变，绝无怨言，且有壮语。闻之喜慰敬服，斯真不愧为任公闺中良友矣。大人遭此变惊，必增抑郁，惟赖卿善为慰解，代我曲尽子职而已。卿素知大义，此无待余之言，惟望南天叩托而已。令四兄最为可怜，吾与南海师念及之。辄为流涕。此行性命不知何如，受余之累，恩将仇报，真不安也。

译局款二万余金存在京城百川通，吾出京时，已全文托令十五兄，想百川通不至赖账。令兄等未知我家所在，无从通信及汇寄银两，卿可时以书告之，需用时即向令兄支取可也。闻家中尚有四百余金，目前想可敷用。吾已写信给吴小村先生处，托其代筹矣。所存之银，望常以二百金存于大人处，俾随时可以使用，至要。若全存在卿处，略有不妥，因大人之性情，心中有话，口里每每不肯说出，若欲用钱时，手内无钱，又不欲向卿取，则必生烦恼矣。望切依吾言为盼。卿此时且不必归宁（令十五兄云拟迎卿至湖北），因吾远在外国，大人遭此患难，决不可少承欢之人，吾全以此事奉托矣。卿之与我，非徒如寻常人之匹偶，实算道义肝胆之交，必能不负所托也。

……

女郎何蕙珍者，此间一商人之女也。其父为保皇会会友。蕙珍年二十，通西文，尤善操西语，全檀埠男子无能及之者，学问见识皆甚好，喜谈国事，有丈夫气，年十六即为学校教师，今四年矣。一夕其父请余宴于家中，座有西国缙绅名士及妇女十数人，请余演说，而蕙珍为翻译。明晨各西报即遍登余演说之语，颂余之名论，且兼赞蕙珍之才焉。余初见蕙珍，见其粗头乱服如村姑，心忽略之；及其人座传语，及大惊，其目光炯炯，绝一好女子也。及临行与余握手（檀俗华人行西例，相见以握手为礼，男女皆然）而言曰："我万分敬爱梁先生，虽然，可惜仅爱而已，今生或不能相遇，愿期诸来生，但得先生赐以小像，即遂心愿。"余是时唯唯而已，不知所对。

……

余熟思片时，乃大悟，遂谓友人曰："君所言之人，吾知之，吾甚敬爱之，且特别思之。虽然，吾尝与同志创立一人一妻世界会，今义不可背，且余今日万里亡人，头颅声价，至值十万，以一身往来险地，随时可死，今有一荆妻，尚且会少离多，不能厮守，何可更累人家好女子。况余今日为国事奔走天下，一言一动，皆为万国人所观瞻，今有此事，旁人岂能谅我？请君为我谢彼女郎，我必以彼敬爱我之心敬爱彼，时时不忘，如是而已。"友人未对，余忽又有所感触，乃又谓之曰："吾欲替此人执柯可乎？"盖余忽念及孺博也。友人遽曰："先生既知彼人，某亦不必吞吐其词，彼人目中岂有一男子足当其一盼？彼于数年前已誓不嫁矣。请先生勿再他言。”遂辞去。

……

酒阑人散，终夕不能成寐，心头小鹿，忽上忽落，自顾生平二十八年，未有如此可笑之事者。今已五更矣，起提笔详记其事，以告我所爱之蕙仙，不知蕙仙闻此将笑我乎？抑恼我乎？吾意蕙仙不笑我，不恼我，亦将以我敬爱蕙珍之心而敬爱之也。吾因蕙仙得语习官话，遂以驰骋于全国；若更因蕙珍得语习英语，将来驰骋于地球，岂非绝好之事。而无如揆之天理，酌之人情，按之地位，皆万万有所不可也。吾只得怜蕙珍而已。然吾观蕙珍磊磊落落，无一点私情，我知彼之心地，必甚洁净安泰，必不如吾之可笑可恼。故吾亦不怜之，惟有敬爱之而已。……而我蕙仙之与我，虽复中经忧患，会少离多，然而美满姻缘，百年恩爱，以视蕙珍之言，今生不能相遇，愿期诸来生者，何如岂不过之远甚！卿念及此，惟当自慰，勿有一分抑郁愁思可也。有檀山《华夏新报》（此报非我同志）所记新闻一段剪出，聊供一览。此即记我第一次与蕙珍相会之事者也。

好的爱情是教会两个人成长，相互扶持着一路走来，集爱情、亲情和友情于一身。好的婚姻，少不了坦诚两个字，不设防，也不藏秘密。

在中国近代史上，梁启超这个名字，不得不说是举足轻重。在新旧文化产生剧烈冲突的年代，他冲在最前面，担负起废旧立新的重任。

他是清朝光绪年间的举人，也是中国近代思想家、政治家、教育家、史学家、文学家，他涉猎广泛，学识渊博，堪称一代大家。在著名的戊戌变法中，他是领袖人物，是中国近代维新派、新法家的代表人物。

17 岁中举后，师从康有为，此后大力提倡资产阶级改良运动，心系国家复兴之路，如若没有他的存在，中国近代史必然会有所失色。大丈夫为国事奔走呼号，私下里也有自己的感情天地。

梁启超自 13 岁起，在广东的最高学府学海堂埋头苦读，直到 17 岁，他参加广东乡试，榜列第八名，顺利考取举人。这一年，担任主考官的是李端棻，为梁启超的才华所折服，于是将堂妹李惠仙许配与他。

李惠仙，出生在北京南边的固安县，在堂兄的安排下，与梁启超相识。他们并未急于成婚，而是经过两年的相处后，23 岁的李惠仙才与 19 岁的梁启超完婚，开始了他们的婚姻生活。成家后的第二年，梁启超带着妻子回到故乡，他们将在这里度过接下来的生活。

梁家世代以务农为生，面朝黄土背朝天，说不上贫寒，但也并不富裕。梁启超夫妻二人回来后，没有专为新人准备的新房，甚至连一间旧房都腾不出来。无奈之下，只好向梁姓公有的书室借了一小间屋子，这对小夫妻才得以安顿下来。

李惠仙是北方人，习惯了干燥的气候，到了广东，对溽热很不适应。对锦衣玉食习以为常的李惠仙，到了贫寒的梁家，不但没有任何抱怨，相反，她对丈夫的爱更为坚定。她不稀罕荣华富贵，她认准的是梁启超这个人。

为了爱情，她义无反顾，苦与累都甘愿承受。全心全意爱着一个人，浑身上下便充满了勇气和力量。

梁启超的亲生母亲赵太夫人已去世多年，继母比李惠仙只大了两岁，可以说相差无几。即便如此，李惠仙仍以孝道当先，侍奉左右，不敢有片刻怠慢。如此乖巧懂事的儿媳妇，何愁不受喜爱，不多久，乡里乡亲都夸赞她是贤妻良母。爱上一个人，就要善待他的家人，接纳他周遭的一切。

作为维新派的领袖，在轰轰烈烈的“百日维新”失败后，梁启超和家人成了慈禧的眼中钉、肉中刺，下令两广总督即刻捉拿梁启超的家人。为了避祸，梁家人远走他乡，来到澳门，千辛万苦躲过一劫。此后，梁启超独自一人前往东瀛，一走就是十几年，他在外颠沛流离，妻子在家守护着梁家。

远隔万水千山，梁启超始终挂念着妻子，他写来一封又一封的家书，宽慰她，鼓励她，让她振作坚强。当气势汹汹的清兵来抄家时，李惠仙不卑不亢，没有惊慌失措，反而淡定自若，这让梁启超十分敬佩和欣赏。这样的女子，值得他深爱一生，虽身不由己，无法在她身边，但他能做的便是教她如何读书、如何解闷，对妻子的款款深情，皆凝聚在小小的信纸上。

梁启超与李惠仙聚少离多，可爱他的信念却支撑着这个弱女子不再怯懦。她为他撑起了这个家，代替他守护他的家人，做他坚实的后盾，他能回报给她的，虽只有深深的爱，对她而言，却足够了。

1924 年 9 月 13 日，李惠仙因不治之症悄然离世，她还没爱够，却不得不离开。

为了祭奠亡妻，梁启超写下《祭梁夫人文》，以表心中悲怆：“我德有阙，君实匡之；我生多难，君扶将之；我有疑事，君榷君商；我有赏心，君写君藏；我有幽忧，君噢使康；我劳于外，君煦使忘；我唱君和，我揄君扬；今我失君，只影彷徨。”

操劳一生，只为一个人。没有粉身碎骨的壮烈，却有饱含细水长流的温情。爱情，让平凡之人变得伟大，这是多么荡气回肠的过往。

4. 决不再离开你

闻一多·高孝贞

贞：

今天接到你6月24日的信，说三四日内动身来省，现在想已来到，婆婆想已去沙洋，爹爹何时来省，细叔现在何处，来函盼告我。武汉局势暂时似不要紧，近日敌机仿佛也不大到武汉来，你们暂时在武昌住下再说，万一空袭来得厉害，就往咸宁躲一躲，请大舅在武昌我家暂住，以便照料。旧衣服可先寄来，我需要的裤褂以及你们应添的衣服，若来得及，无妨做起来，也由邮局寄来，上次信上说到学校迁移的事，究竟迁到什么地方，现在尚未决定。如果在昆明附近，我们还是住昆明，但我一时又不能到昆明去找房子。

25日考大考，我大概要月底把卷子看完，才能离开蒙自，你们最好也在月底动身，汽车票听说要早买，或者月半前后请大舅上长沙去一趟，把票先买回来，亦无不可。将来走时，仍请大舅送至长沙，到贵阳可由我的同班聂君照料，下次我再寄一封介绍信来。细叔的事大致无问题，上次信中已说过，细娘是否同来，关于他们的情形，来信请告诉我，以便好找房子。现在计划已经大致决定，我想你心里可以高兴点，只再等一个月，我们就可见面。这次你来了，以后我当然决不再离开你，无论如何，我决不再离开你一步，我想，你也是这样想吧？叫孩子们放乖些，鹤、雕读书写字不可间断，前回信上说你又有些发心慌，现在好了没有？

有些离开是早有打算，有些离开却是迫不得已，说好天长地久直至白头，但世事艰险，防不胜防。不是他有意离开，只是民族大义当前，他甘愿舍身舍命，绝不畏缩。

1946年3月17日，三万多昆明学生自发而来，为死于反动当局之手的潘琰等四烈士举行了出殡仪式，以此悼念他们的在天之灵，也请他们放心，活着的人不会就此胆怯，革命之路任重道远。

5月4日，迫于战火而组建的西南联大，宣布解散，三校师生分批返校复课。就在此时，反动派愈发猖狂，四处张贴大字报和标语，大肆攻击爱国民主人士，称他们为“闻一多夫”“吴晗诺夫”“罗隆斯基”等，甚至污蔑他们拿着苏联津贴，为苏联办事，是苏联特务。反动派的恶行远不止此，给民主爱国人士寄去带着子弹头的恐吓信，在他们住处附近安插特务，更有甚者扬言以四十万元换闻一多的人头。

性命攸关，随时都有被杀的可能，但闻一多决心舍生取义。朋友们和学生们纷纷劝他尽早离开，美国加州大学向他许诺优厚的条件请他去讲学，但这些提议都被闻一多拒绝了，他坚定地说：“我不能离开苦难的人民，昆明还有许多工作等着我做。”

生死由天，他要做的就是听从心的召唤，去做最有意义的事情。

至于是走是留，他事先都曾认真听取过妻子的意见，经过一番权衡，他决定留下继续开展工作，妻子则举双手赞成，绝对支持。

比起之前对枪林弹雨的恐惧，此时的闻一多很是坦然，他自知处境危险，但信念支撑着他，他无所畏惧，况且，最爱的人就在身边，他浑身充满了力量。

学生彭兰、张世英夫妇曾暂住在闻一多家中，他对这对年轻的夫妇说："一个人要善于培植感情，无论是夫妇、兄弟、朋友、子女，经过曲折的人生培养出来的感情，才是永远回味无穷的。"学生季镇淮，对糟糠之妻不离不弃，对此，闻一多颇为感慨，他说："只有对感情忠实的人，才能尝到感情的滋味。他未来的家庭一定比较幸福。"

以上，绝对闻一多的肺腑之言，也是这些年来，他与妻子的真实写照。在动荡不安中，他与妻子所拥有的何止爱情，艰难的岁月打磨着他们的感情，他可以确定，他是幸福的。

1946 年 7 月 11 日，西南联大最后一批北上师生的车队在昆明出发，就在当晚，著名爱国人士李公朴惨遭反动派杀害。深夜，高烧不退的闻一多得知噩耗后，顾不得自己还在病中，急忙穿衣赶往医院。李公朴是他的至交好友，他岂能不愤怒，但高孝贞担心丈夫安危，极力劝阻，最终闻一多于凌晨五点赶到医院，可惜好友已死。他悲痛万分，痛哭流涕，不断呼喊道："公朴没有死！公朴没有死！这仇一定要报的！"

死亡不足以令他畏惧，生命本就无常，他愿意以血肉之躯为民为国搏一个希望。

李公朴死后，有内线称，闻一多位列黑名单第二位，也就是说，反动派已经准备对他下手了。对此，闻一多仍镇定自若，他视死如归，决心慷慨赴义。最担心的人自然是高孝贞，她怎忍丈夫时刻面临性命威胁，眼泪模糊了视线，不断劝他尽量不要再抛头露面，多加小心为好。

然而，闻一多对她说："事已至此，我不出则诸事停顿，何以对死者。"事到如今，他是一面旗帜，无数热血青年在等待他的召唤和引导，关键时刻，他决不能退缩。路有千万条，可他只认准这一个方向，唯有步履不停，才是对逝去的人的慰藉。

7 月 15 日上午，在云南大学致公堂，举行了李公朴殉难经过报告会，李夫人张曼筠难掩悲痛，痛哭不止，特务们在一旁不断叫嚣。闻一多怒不可闻，拍案而起，他大声呵斥反动派的十恶不赦，发表了著名的《最后一次演讲》。

他慷慨激昂地说道："你们杀死一个李公朴，会有千百万个李公朴站起来！你们将失去千百万的人民！你们看着我们人少，没有力量？告诉你们，我们的力量大得很，强得很！看今天来的这些人，都是我们的人，都是我们的力量！此外还有广大的市民！我们有这个信心：人民的力量是要胜利的，真理是永远存在的。历史上没有一个反人民的势力不被人民毁灭的！"

在掌声雷动中，他呼喊道："正义是杀不完的，因为真理永远存在！历史赋予昆明的任务是争取民主和平，我们昆明的青年必须完成这任务！我们不怕死，我们有牺牲的精神！我们随时像李先生一样，前脚跨出大门，后脚就不准备再跨进大门！"

他无畏死亡的威胁，死有何惧？正如他所相信的那样，一个倒下去，还会有千千万万的人站起来，顶替他去完成使命。

下午，闻一多在自家大门外被特务杀害，高孝贞向丈夫飞奔而去，她守在他的身边，一如往常，她的衣衫沾染着他的鲜血，怀抱着他渐渐转凉的身体。

闻一多去世后，高孝贞以他的遗志为己愿，为革命斗争出一份力。1947 年，她带着孩子们辗转来到北平，在组织和朋友们的帮助下，得以在什刹海附近的百米斜街安住下来。正是在这里，她以自己家为秘密联络点，为中共的革命事业默默奉献着。

闻一多的侄子闻黎智，时任中共平津地区青年工作委员会书记，他与妻子魏克携手，以高孝贞家为基地，积极展开工作。同时，这里成为一个中转站，蒋管区的进步青年想要前往解放区，大可放心地来此小住。高孝贞积极配合着组织的各项工作，她尽己所能，为他们服务，看似平常，但实质格外重要。如若闻一多能够感知到妻子的用心，也该会欣慰。

1948 年 3 月，高孝贞带着孩子们前往解放区，被选为华北人民代表。千辛万苦过后，终于迎来新中国的成立，她先后担任河北省及全国政协委员，为新中国奋斗终生。

闻一多对高孝贞影响深远，而这份影响力，来自于爱情。

5. 怀着爱，一如既往

胡适·韦莲司

亲爱的韦莲司小姐：

你说的对极了，要保持冷静是非常困难的，而冷静只能从行动中获致。在我写那封《致留学界公函》的时候，甚至我自己也是不冷静的。

在我呼吁大家冷静的同时，完全没能理解到群情激愤背后的一种精神，而在你的信里，对这种精神却大表赞扬和理解。

我会在你的建议下写第二封公开信，在信中，我将针对我们如何尽到自己责任这一点，提出一个“积极的方案”。我也将提到中国之不可毁灭，并敦促大家采取一个乐观而又积极的人生观。

1.对将来有信心。

2.正确的思想来自好而且广泛的阅读。

3.认真学习；敏于观察。

4.对一生的工作，做出正确的选择。

5.根据个人的性情和训练，提供不为私利的服务。

我拟在5月号的《留美学生月报》上发表这封公开信，并乐闻你极有价值的建议。

目前中日之间的谈判集中在南满的问题上，下一个重要的议题是青岛和胶州。如果我是个日本政治家，我能得到南满的特权，就满足了，并将以归还德国在中国之租地为交换；这一行动，日本可以向其他强权保证他的动机和政策；这一行动也说明两个黄色种族逐步走向合作。总之，这一行动预示着在不久的将来，远东问题最后的解决！这是我的乐观主义。但愿日本能看到为下次世界大战播下种子的危险！这个乐观主义和我几个月前发表在《留美学生月报》上“日本与胶州”一文所表示的乐观主义几乎是完全一致的。我并不寄望日本把胶州无条件的归还给我们，代价——一个合乎逻辑的代价——是南满，如你所知，南满在1895年的战后赔偿中已经给了日本，但后来为了增加赔款，德、俄、法三国强制日本将南满归还中国。几天前所签订的四项条款，中国几乎是无条件的放弃南满。日本应该为这个巨大的让步感到满意了！

这个放弃南满的主张，目前对我的同胞来说是过于激进了。在此刻群情激愤的时候，我不拟发表。但，至今据我所知，也还没有其他可行的办法。

这是个伤害最小的选择!

我会把我写的有关康德 (Kallt) 的报告寄给你。要是我有时间，我会做些修订，发表。有许多篇报告我都想修订后发表，但至今一直没做。

康德有关伦理的文章写得明白易懂。但他其他的文章——尤其是他的三“大批判”——是非常难读的，一般人来做这项研究，实在没有什么好处。你是否也有同样的感觉?……

总有分离，便总有不舍与想念。

古人有云：“两情若是久长时，又岂在朝朝暮暮。”大概用在胡适与韦莲司身上，格外恰当，即便天各一方多过朝夕相伴，但时间和距离都没能打败他们的感情。

自 1927 年小聚后，直到 1931 年，胡适的信才漂洋过海来到韦莲司手中。两年后，胡适来美国讲学，久别的两个人才得以再次重逢。

1933 年 9 月，胡适挤出时间，与韦莲司见了两次。心中的热火让他们情不自禁，始终未曾跨越雷池一步的两个人，第一次赤身相见。这份感情等了十七年，他们原本有很多机会，却一直保持着精神上的爱恋。直到如今，从身体到精神，他们水乳交融，合为一体。

早在 7 月 10 日，胡适便来信告知韦莲司他将会来绮色佳的消息，兴奋之余的韦莲司不忘叮嘱他“不要接受太多额外的演讲”，并恳请他“无论如何住上几天，作为你忙乱行程中一个喘息的机会”。8 月 18 日，随着时间的推进，韦莲司愈发难以自持，她致信胡适，温柔地嘱咐他“坐汽车能让你得到一些休息。要是你愿意尽快到此，多休息几天。请明白告诉我，怎么做能让你最高兴”。

四年的等待，日日夜夜都有他的影子，再过不久，她便可以与他相聚，可以触摸他的皮肤，而不用再望着信发呆，可想而知，她该有多激动。她写信给他，将最真实的心情告诉他：“胡适，你的来访，对我而言，有如饥者之于食，而对你，则能留下一些宁静的回忆。”

相见的当天晚上，韦莲司在胡适面前宽衣解带，从此，他们的感情有了实质性的进展。缠绵过后，是两颗紧紧相依的心，如若时间能够在此刻停滞不前，该有多好。

第二天，韦莲司写信给胡适："我整好了我们那个小得可怜的床……我想念你的身体，更想念你在此的点点滴滴。我中有你，这个我，渴望你中有我……"此时的韦莲司，大胆狂热地爱着他，抛去了过去的矜持。

9月24日，胡适再一次来到韦莲司的住处，虽只有十几个小时的温存，却足以让两个人忘乎所以。9月27日，韦莲司在信中向爱人坦言："这件正式的外衣已经褪到地板上了——你已经全然地了解了我，胡适——你是不是更喜欢那个幻象中的女子呢？她也许很美妙，但她毕竟是我，那个胸部扁平而又不善于持家的我，那个头脑不清而又不得体的我，是这个我触到了你的身体和眼睛。我简直不能相信，你竟爱上了这么一个可怜的东西，然而，你的爱却裹住了我。"

爱情让人奋不顾身，韦莲司身陷爱情的旋涡，她毫不掩饰对胡适的爱，"没想到，我会如此爱你……胡适……我崇拜你超过所有的男人……"

胡适也好，韦莲司也罢，他们已是年过半百之人，不再年轻，然而此刻为了爱一个人，同样轰轰烈烈。只是可惜，相爱却不能相守，胡适早有家室，哪怕他与妻子只是表面夫妻，可依旧是阻挡他与韦莲司的鸿沟。

心潮澎湃过后，韦莲司尚且保留些许冷静和理智，此生她断然无法如愿得到胡适的全部。她所希望的是"像两条溪流，奔赴同一山谷”，然而现实中，她所能得到的不过是屈指可数的幸福，所以她不得不做出选择，她对胡适坦言：“在我一生之中，有一种苦行僧的倾向，对于我自己非常渴望的东西，我宁可全部放弃，也不愿仅取其中的一小部分。”

与其在没有结果的爱情里沉沦，何不寻那真正属于自己的归属呢？

1937 年，韦莲司的身边出现了一个人，他倾尽诚心，体贴又周到，对她的爱到了完全无私的地步。韦莲司向胡适征求意见，得到“立即赞成”的答复后，她有些伤心，却很快又释怀。

她写信给他，说了自己的想法：“你觉得，要是我结婚，你就能从责任或负担中解脱出来，而不知道我从未要你感觉有任何责任或负担。想到这点，也让我伤心。我没有要和你结婚，也没怪你对结婚所有的一种恐惧……从你的反应来看，要是我结婚，能减轻你精神上的负担，同时也能给你一些你所缺的自由。”

最终，韦莲司还是拒绝了对她格外用心的男人，宁愿孤独终老，也不愿与一个自己并不爱的人结伴而活。纵然她独身的原因大多来自于胡适，但她从来没有任何抱怨，一切皆是自己的选择，她甘愿承受一切后果。

这一场小风波，没能破坏胡适与韦莲司的感情，他们虽然仍旧不能相守，却各自在遥远的一方为彼此守候。

1939 年 4 月 17 日，54 岁的韦莲司收到了胡适送来的兰花、水仙、郁金香、金鱼草、剑兰和白色的菖蒲，另外还有三块绣着苍鹰和太阳的刺绣。睹物思人，这些不会开口说话的物件，却又代替胡适，对她表达了思念。

他不说，她却都懂。

6 月，韦莲司送胡适一枚戒指，上面不但刻有他的名字，还有“14~39”的字样，他们已经认识了二十五年，纵观一生，又能有几个二十五年呢？

1946 年 6 月 5 日，胡适离开美国，也意味着离开韦莲司。在回国的船上，胡适写道：“在离开美国之前，未能再去一趟绮色佳，我觉得非常难过……我亲爱的朋友，在将近九年的居留之后，我又离开美国了……我会从中国写信给你。怀着爱，一如既往。”

此次一别，又是三年。在胡适与韦莲司的感情历程中，满是长久的分别，动辄三年五载，即便如此，却又无法斩断情丝。

1960 年 9 月，胡适和韦莲司在华盛顿见了一次面，这也是他们人生之中最后一次见面。从此以后，纵然情深似海，时刻惦念着对方，也没有再见面。彼此的音容笑貌，就停留在 9 月的那一天，直至生命终结。

现世中，有多少有情人迫于各种压力而分道扬镳，又有多少人难以忍受长时间的分离而就此放手？他们或许不知道，韦莲司会有多么羡慕他们，原本可以牵手一生，却偏偏选择了陌路。

不得不承认，有些事不讲情分，却没错。但愿上苍垂爱，每个人都能遇到长情的人，遇到非你不可的人。经历过喜剧，经历过悲剧，最能体会真心难得、真情可贵的道理。

天大地大，不愁找不到人好好爱一场。

6. 不愁幸福

恽代英·沈葆秀

葆秀大鉴：

汝去我而逝已匝月矣。吾未知汝魂魄自知耶？我元汝尚能勉自排遣，汝无我又无汝所爱之弟妹，汝何以度日耶？吾昨闻全婶言，血晕之时毫无苦痛，汝幸能无苦痛而去，吾闻之亦心慰。吾无情之人，近来待汝较汝初逝时已略淡漠，汝当冷笑而置之也。惟余可以慰汝者，前与汝言合葬之事，父亲大人已经允许，不续娶之事亦可办到。现与汝卜地落驾山，先批与王氏先祖妣墓地之间，择期本月27日发引安葬。呜呼！吾与汝姻缘如是之短，殊令人思之不服。他生之缘，愿无忘之。父亲意欲吾稍缓纳亲，吾意汝生前一杯一箸，犹爱情不肯轻畀他人，岂以我身汝甘使他人一尝鼎耶？吾之有愧于汝，料汝英灵必能谅原。吾自今以后，惟当更求守身如玉，使此心如古井不波。吾意我若先汝而死，不知汝哀痛何如，或汝以身殉我矣。吾即不能以身殉汝，著更不能为汝守此心。守此身，他日同穴，以何面目向汝耶？吾本有独身终老之心，且吾亦以学一自立生活为乐，汝既不终天年，吾初无须人扶持，汝如有知，于汝之去我太亟，亦不必悔，更不必念我寂寥，惟有法可续他生之缘者，必力求之，此则所以惠我者深矣。此生已休，惟他生可卜耳。

吾思汝从我两载余，初无何等乐境。吾做事过于刻板，且爱书过于爱汝，每使汝孤寂无聊，今日回忆殊有愧矣。吾原谓将来卒业，则汝之幸福渐增，岂知汝竟不待吾卒业而去乎？吾即失汝，今日所谋者，则卒业后就事，如何填补此次丧事亏空。且父亲之意，吾等能回江苏亦狐死正邱首之意。且先妣之葬，略有谬误之处，吾意就事钱稍多，则将迁先妣与汝之柩回常州。江南风景较此为佳，且从此汝更可与先妣相近，盖吾等意欲购大地一块，永为吾家墓地。呜呼！吾果有所人不与汝谋阳宅，乃谋及阴宅，吾不知汝瞑目乎？否也。

前者卿问我，卿死后我将如何，今除同死一言，我——皆践其诺矣。吾坚持不续娶，吾意汝必怜我，然亦不必怜。吾性孤介，前者幸得汝，不然欲有家庭之乐，未必能也。吾今又安得端肃聪明如汝者而妻之？且得此等人，如待遇同于汝或更优于汝，我宁死不肯为。吾惟愿汝魂魄常依附吾身体，吾将来至上海，汝仍随我至上海。我虽不见汝，我心滋慰。又汝终不能常入我梦，吾意汝魂魄或已无知，果无知亦免汝柔肠百折，珠泪千行，事亦良佳。惟恐或虽有知，强鬼挟持汝，不使汝与我相见。吾意果有鬼必有神，吾将力求修德造福，使神灵可护我，并我所爱之人。使我等痴愿必偿。向如魂魄无知，我将未亦归于此境。惟愿化灰尘后，汝之躯壳与我之躯壳更糅杂，不可辨。其中又不许他人之躯壳相糅杂，此亦无知之一乐也。吾等既合葬，此乐或可求而得之。固合葬使汝兆偏左，留其右以待我，汝喜耶？嗔耶？惟愿我将来死后能见汝来相迎，从此永远同眠于重泉之下，以雪此壳，则异室之根，吾知汝再见我之时，或不至憾余言不顾行，事死不能如事生也。

仲清每露感汝及感余之意，其情甚真挚。吾原推爱卿之心以及彼，今已无以报卿，故尤注意彼。吾犹忆汝前年归宁后，告我汝家中仲清等之不上进，颇倦倦无以为什。人言女生外向，汝之念念母家，何曾外向？是知汝固非寻常女子也。仲清欲来与我同居，父亲、岳父俱已赞同。此既慰我寂寥，亦于仲清有益。吾将来至上海，必设法携仲清往投考学校。吾常见仲清，常为仲清尽力，庶几稍足以自恕负汝之罪，亦使汝不更以汝家未来事为虑也。

自汝逝后，伯父、父亲、岳父俱虑余悲思过当，或致狂疾，吾当事诚抑郁不解，老天何心乃如此处我？事后追思，又觉我处置多所失当，使汝致于此。吾思死诚不足为祸，惜不得同死。更以家中诸多关系，亦不敢同死。吾既不死，又敢狂乎？吾果狂何益于汝？他人不谅，或且以为汝致我狂，则重诬汝矣。近来力求排遣之法，精神渐觉复原。呜呼！吾等不幸而运乖，遽成异世之人。我死与不死，狂与不狂，再娶与不再娶，总觉许多未安，但亦只得求比较可安者而安之。吾知汝在冥中，亦必心中转侧，不知如何为我为计。事已至此，更无善计可言。汝第任吾今日所行，不必又或有所歉然于心也。汝不必念我无子，我之不信无后为不孝之说，汝所素知。我苟立志向上，吾父乃及祖宗必不以无后责我，更不致以此怨汝，汝一切放心。汝既为吾家而死，历代祖宗必矜怜汝，其他愚拙之事，发于我之痴情，无与于汝事也。

吾已以汝临产之一切情形撰《临产之大教训》一篇，又撰《悼亡杂话》一篇未成，此二篇均不甚可意，或须改作少年失偶，汝我难堪之情，谅无大异。吾惟祝汝无知，汝果有知，或更不能善排遣如我，吾惟愿汝能宽心自寻乐趣。

吾为汝筹葆秀大工厂事，苟天假以缘，事非难成。吾失汝，琐屑之事，顿无人为助，外间如遇得意之事，亦无可告语。吾为汝擦棺、购置点心，意欲一睹汝笑容，终不能见。前者岳母生日，吾亲携点心二包往赠，此汝屡嘱我而我不为者。今我为之，汝不及见矣。是日与姚舅舅等打牌，吾又念今年新正，终未从容与汝一游嬉，此皆吾做事过于刻板之过。吾不知如何能补此缺憾，吾惟愿常保此灵明，死后做鬼夫妻。庶几不致再有缺憾如此刻。吾自问，除一种痴情，一种向上心，并此干净身体以外，更无事可以对得住汝。汝爱吾不肯深责吾，吾以此愈不能忘汝矣。汝怀孕十月，不知所受是何滋味，中夜疼痛不能安枕，尚宁默然自己下床料理一切，知我睡眠有定时，早起不欲过晏，终不愿轻易扰吾。呜呼！吾今日思之，愈不能不恸汝，吾不知体贴汝，待汝虽不严，而酷如此，吾惟有于汝去后，本吾良心，不作一负汝之事，不然吾无以自恕矣。吾愿吾他生托身为女子，与汝为妇，亦一尝怀孕分娩之苦，以赎此生之罪。此言出于吾之赤诚，汝必能相信也。

父亲知吾拟每月致汝一函，谓如此恐遭魔祟，此父母爱子之心。余意以遵命为是。惟吾每月十五日必一计是月中为汝所作事若干，以志不忘。汝不得每月得吾书，或非汝所愿，汝能魂魄依余，则余之心即汝之心，余之身即汝之身，更不必假尺素之力而情愫始通也。家中自汝丧后，群众一辞，以迁家为宜，床空裳冷，我亦难以为怀，不如不见为净。如因汝伤我身体，汝必不安，且亦过于拂诸长者之意也。吾如卒业就业沪滨，每年至少必两度省视汝墓，在此则拟每年四次。吾已无事报汝，惟以一颗心请汝鉴纳而已。

我校中尚未开课，大约总可以敷衍毕业，四弟因料理家务，前不久始赴宁，近因宁疫甚盛，避之杭州。吾前与汝约就业沪滨，得便必游苏杭名胜，今已不可得矣。抱冰堂花又盛开，汝魂魄亦能一往游览耶！吾言有尽，而意无穷，吾亦不知将来更何时致书于汝，惟于有必要情形时，必不忘致书耳。吾自号“永鳏痴郎”，我亦痴，汝亦痴，既痴于前矣，安容不遂终身痴乎！汝以吾言为然否？

正是因为生命有结束的那一天，所以回忆才如此珍贵，叫人想了又想，念了又念。当肉体消失在泥土里，唯一能够留下的东西，只有回忆。

妻子沈葆秀去世后，恽代英相思反复，拥着脑海中的点滴过往入眠。那些埋藏在心中的感伤，无法与外人诉说，他只想静静地写在薄薄的信纸上，当作与爱妻的对话。她一言不发，他却有说不完的话。

1895 年 8 月 12 日，恽代英出生于湖北武昌一个书香门第，父亲恽爵三是清朝知府下属八品官，母亲陈葆云出身仕宦之家，是儿子的启蒙老师。自学生时代起，恽代英就成为武汉地区“五四运动”的主要领导人之一，他创办利群书社、共存社，以此为传播新思想、新文化和马克思主义的渠道。1921 年，恽代英正式加入中国共产党，1923 年与邓中夏等人创办并主编《中国青年》杂志，可谓有为青年。

恽代英是反封建的先行者，他主张婚姻自由，批判毫无感情基础的包办婚姻。然而，他与妻子沈葆秀的婚姻却正是由父母做主、媒人牵线的旧式婚姻，他所承受的却恰恰是自己极力排斥的。不是没有反抗过，只是不忍母亲因此伤心落泪，如果他们之中必有一人要承受痛苦，那他决定舍弃自己。

沈葆秀的父亲沈云驹，是武昌官钱局职员，江苏苏州人，与恽家是同乡，有了这层关系，两家人自然有密切来往。长辈之间交好，自然而然地会想到儿女的婚事，恽代英的父母认准了沈家次女沈葆秀。父母认可的人，或许足够好，但是这种依照父母之命的婚姻，恽代英是抗拒的，却也不得不答应下来。

1915 年 10 月，恽代英与沈葆秀完婚。他们二人的婚姻，有一个被动的开始，然而世事总在变化之中，感情也不是一成不变的，从无情到深情，只是时间问题。

原本喜气洋洋的洞房花烛夜，恽代英却有着与之截然相反的情绪，他心情十分糟糕，始终闷闷不乐，他坚持不入洞房，而是在外间的书房过夜，期间，他与新娘没有任何语言交流。本该欢快的氛围，却安静极了。

恽代英是新式青年，他受西方自由思想的熏陶，认为爱情是神圣的，而非随随便便一个人都可以将就的。虽然婚姻已成，但恽代英不愿浑浑噩噩过一辈子，对人对己都是一种伤害和折磨。与其被动接受，不如尽力弥补，于是他将自己的日记交给沈葆秀，以此互相了解，待产生感情后，再做夫妻。望着厚厚一摞日记，沈葆秀有些许委屈，但又不知该如何是好。此后的两天，这对新婚夫妇都是在沉默中度过的。

婚后第三天，按照习俗，到了新娘回门的日子。沈葆秀见到母亲，眼泪就不争气地落了下来，她向母亲诉说了原委。母亲听罢，先是有些惊讶，随后仔细想来，恽代英的举动虽说有些古怪，但也不是全无道理。为了让女儿安心，她给女儿出了一个主意，不妨写信给他，以此沟通感情。

沈葆秀从娘家返回后，便听从母亲的教导，认真给丈夫写了一封信。没想到，当天晚上便看到了他的回信。对恽代英来说，他怎么也没想到妻子会写信给他，虽有意外，更多的是高兴。既然女方如此用心，他岂能视若不见，便回信道："多读书，通情理。"

此后，书信成为夫妻二人交流沟通的主要方式。沈葆秀在卧室，恽代英在书房，他们之间不过是隔着一道墙罢了，然而感情上的鸿沟却难以跨越。好在来日方长，在书信往来中，两个人渐渐有了爱情。

旧式婚姻虽说可悲，恽代英作为新青年，固有的束缚依旧不能阻挡他追求幸福。他相貌堂堂，生活朴素，待人宽厚有礼，一件灰色长袍是他最常见的穿着。沈葆秀温柔贤惠，对待家人细心体贴，又通情达理，与恽代英极为般配。从无感到有爱，从相对无言到"以口对口，以心印心"，既是缘分使然，也是两个人努力的结果。

有了爱情，何愁不会幸福。

恽代英时常向妻子宣传新思想和新文化，耐心地教她写日记、学英语，希望她能够成为独立自主的女性。温婉柔和的沈葆秀，看似娇弱，实则同男子般豪爽，她喜好读书，且"通情理、志道德"，值得恽代英用心呵护。对于丈夫的志向，她积极支持，并与他约定，等他毕业之后，夫妻俩便离开父母的羽翼，开始独立谋生。

只要有心，爱情并非遥不可及，恽代英的坚持不仅改变了他的生活，也改变了沈葆秀的一生。他们虽是受父母之命而走到一起，但真挚的感情却是由两个人共同培养出来的。

第九章 今生他世无悔情定初心

1. 你若尚在

朱自清·武仲谦

谦，日子真快，一眨眼你已经死了三个年头了。这三年里世事不知变化了多少回，但你未必注意这些个，我知道。你第一惦记的是你几个孩子，第二便轮着我。孩子和我平分你的世界，你在日如此；你死后若还有知，想来还如此的。告诉你，我夏天回家来着：迈儿，长得结实极了，比我高一个头。闰儿，父亲说是最乖，可是没有先前胖了。采芷和转子都好。五儿全家夸她长得好看；却在腿上生了湿疮，整天坐在竹床上不能下来，看了怪可怜的。六儿，我怎么说好，你明白，你临终时也和母亲谈过，这孩子是只可以养着玩儿的，他左挨右挨，去年春天，到底没有挨过去。这孩子生了几个月，你的肺病就重起来了。我劝你少亲近他，只监督着老妈子照管就行。你总是忍不住，一会儿提，一会儿抱的。可是你病中为他操的那一分儿心也够瞧的。那一个夏天他病的时候多，你成天儿忙着，汤呀，药呀，冷呀，暖呀，连觉也没有好好儿睡过。哪里有一分一毫想着你自己，瞧着他硬朗点儿你就乐，干枯的笑容在黄蜡般的脸上，我只有暗中叹气而已。

从来想不到做母亲的要像你这样。从迈儿起，你总是自己喂乳，一连四个都这样。你起初不知道按钟点儿喂，后果知道了，却又弄不惯；孩子们每夜里几次将你哭醒了，特别是闷热的夏季。我瞧你的觉老没睡足。白天里还得做菜，照料孩子，很少得空儿。你的身子本来坏，四个孩子就累你七八年。到了第五个，你自己实在不成了，又没乳，只好自己喂奶粉，另雇老妈子专管她，但孩子跟老妈子睡，你就没有放过心；夜里一听见哭，就竖起耳朵听，工夫一大就得过去看。十六年初，和你到北京来，将迈儿转子留在家里；三年多还不能去接他们，可真把你惦记苦了。你并不常提，我却明白。你后来说，你病就是惦记出来的；那个自然也有分儿，不过大半还是养育孩子累的。你的短短的十二年结婚生活，有十一年耗费在孩子们身上；而你一点不厌倦，有多少力量用多少，一直到自己毁灭为止。你对孩子一般儿爱，不问男的女的，大的小的。也不想到什么“养儿防老，积谷防饥”，只拼命地爱去。你对于教育老实说有些外行，孩子们只要吃得好玩得好就成了，这也难怪你，你自己便是这样长大的。况且孩子们原都还小，吃和玩本来也是要紧的。你病重的时候最放不下的还是孩子。病得只剩皮包着骨头了，都不信自己不会好；老说：“我死了，这一大群孩子可苦了。”后来说送你回家，你想着可以看见迈儿和转子，也愿意；你万不想到会一去不返的。我送车的时候，你忍不住哭了，说：“还不知能不能再见?”可怜，你的心我知道，你满想着好好儿带着六个孩子回来见我。谦，你那时一定这样想，一定的。

除了孩子，你心里只有我。不错，那时你父亲还在。可是母亲死了，他另有个女人，你老早就觉得隔了一层似的。出嫁后第一年你虽还一心一意依恋着他老人家，到第二年上我和孩子可就将你的心占住，你再没有多少工夫惦记他了。你还记得第一年我在北京，你在家里。家里来信说你待不住，常回娘家去，我动气了，马上写信责备你。你叫人写了一封复信，说家里有事，不能不回去。这是你第一次也可以说第末次的抗议，我从此就没给你写信，暑假时带了一肚子主意回去，但见了面，看你一脸笑，也就拉倒了。打这时候起，你渐渐从你父亲的怀里跑到我这儿。你换了金镯子帮助我的学费，叫我以后还你；但直到你死，我没有还你。你在我家受了许多气，又因为我家的缘故受你家里的气，你都忍着。这全为的是我。我知道。那回我从家乡一个中学半途辞职出走。家里人讽你也走。哪里走！只得硬着头皮往你家去。那时你家像个冰窖子，你们在窖里足足住了三个月。好容易我才将你们领出来了，一同上外省去。小家庭这样组织起来了。你虽不是什么阔小姐，可也是自小娇生惯养的。做起主妇来，什么都得干一两手，你居然做下去了，而且高高兴兴地做下去了。菜照例满是你做，可是吃的都是我们；你至多夹上两三筷子就算了。你的菜做得不坏，有一位老在行大大地夸奖过你。你洗衣服也不错，夏天我的绸大褂大概总是你亲自动手。你在家老不乐意闲着；坐前几个“月子”，老是四五天就起床，说是躺着家里事没条没理的。其实你起来也还不是没条没理；我们家那么多孩子，哪儿来条理？在浙江住的时候，逃过两回兵难，我都在北平。真亏你领着母亲和一群孩子东藏西躲的；末一回还要走多少里路，翻一道大岭。这两回差不多只靠你一个人。你不但带了母亲和孩子们，还带了我一箱箱的书；你知道我是最爱书的。在短短的十二年里，你操的心比人家一辈子还多；谦，你那样身子怎么经得住！你将我的责任一股脑儿担负了去，压死了你；我如何对得起你！

你为我的捞什子书也费了不少神；第一回让你父亲的男佣人从家乡捎到上海去。他说了几句闲话，你气得在父亲面前哭了。第二回是带着逃难，别人都说你傻子。你有你的想头："没有书怎么教书？况且他又爱这个玩意儿。"其实你没有晓得，那些书丢了也并不可惜；不过教你怎么晓得，我平常从来没和你谈过些个！总而言之，你的心是可感谢的。这十二年里你为我吃的苦真不少，可是没有过几天好日子。我们在一起住，算来也不到五个年头。无论日子怎么坏，无论是离是合，你从来没对我发过脾气，连一句怨言也没有——别说怨我，就是怨命也没有过。老实说，我的脾气可不大好，迁怒的事儿有的是。那些时候，你往往抽噎着流眼泪，从不回嘴，也不号眺。不过我也只信得过你一个人，有些话我也只对你一个人说，因为世界上只你一个人真关心我，真同情我。你不但为我吃苦，更为我分苦；我之有我现在的精神，大半是你给我培养着的。这些年来我很少生病。但我最不耐烦生病，生了病就呻吟不绝，闹那侍候病的人。你是领教过一回的，那回只一两点钟，可是也够麻烦了。你常生病，却总不开口，挣扎着起来；一来怕搅我，二来怕没人做那份儿事。我有一个坏脾气，怕听人生病，也是真的。后来你天天发烧，自己还以为南方带来的疟疾，一直瞒着我。明明躺着，听见的脚步，一骨碌就坐起来。我渐渐有些奇怪，让大夫一瞧，这可糟了，你的一个肺已烂了一个大窟窿了！大夫劝你到西山去静养，你丢不下孩子，又舍不得钱；劝你在家里躺着，你也丢不下那份家务。越看越不行了：这才送你回去。明知凶多吉少，想不到只一个月工夫你就完了！本来盼望还见得着你，这一来可拉倒了。你也何尚想到这个？父亲告诉我，你回家独住着一所小住宅，还嫌没有客厅，怕我回去不便哪。

前年夏天回家，上你坟上去了。你睡在祖父母的下首，想来还不孤单的。只是当年祖父母的圹大小了，你正睡在圹底下。这叫作“抗圹”，在生人看来是不安心的；等着想办法罢。那时圹上圹下密密地长着青草，朝露浸湿了我的布鞋，你刚埋了半年多，只有圹下多出一块土，别的全然看不出新坟的样子。我和隐今夏回去，本想到你的坟上来；因为她病了没来成。我们想告诉你，五个孩子都好，我们一定尽心教养他们，让他们对得起死了的母亲你！谦，好好儿放心安睡罢，你。

婚姻能否长久，至关重要的一点便是心灵的契合。感情的维系，绝非依靠浮于表面的因素，样貌也好，出身也罢，都不及心意相通最稳固。

朱自清是现代杰出的散文家诗人、学者，同时也是民主战士。妻子武仲谦是名医武威三的女儿，论学问，她远不及丈夫渊博，论独立，她也只是个小女人，但就是如此，她得到了他的爱，以及深切的怀念。她与丈夫同岁，然而她对他更像是母亲对儿子。

14 岁时，武仲谦与朱自清定下婚约，懵懵懂懂之间，她知道未来有一天会成为他的妻子。当她穿上喜服，与他同拜天地，这时的朱自清已经褪去了稚嫩青涩，他已就读于北大，是人人称赞的青年才俊。有生之年，能嫁予如此优秀的男人为妻，她是满足的。

武仲谦是典型的贤妻良母，她一心一意地对他好，悉心照料他的生活起居。朱自清素来脾气不好，时常迁怒于妻子，她只是轻声抽噎着，任由泪珠往下掉，却从不与他计较。对孩子，她也是如此，绝无重男轻女的想法，每一个孩子都是她的心头肉，她只管竭尽全力去爱他们。

作为妻子、母亲，武仲谦无可挑剔，她的世界唯有丈夫和孩子，他们的平安喜乐便是她的，而她对于生活却没有任何自己的要求。洗衣做饭，照看孩子，在丈夫背后默默付出，辛勤劳作，承担起一切家庭琐事，为他潜心写作创造最安静的环境。

武仲谦一生有三子三女，凑成了三个“好”字，然而她的生命却并不长久，32 岁时，丧命于一场流行性瘟疫。她努力过活，却走得如此早。她去世时，朱自清正在清华大学文学系执教，听闻噩耗后便昏倒在地，众人赶忙送他去医院，虚弱无力的他竟没能回扬州送妻子一程。

悲痛郁结于心，他为她写下《亡妇诗》，以寄哀思，“俯仰幽明隔，白头空相期”，“到此羁旅寂，谁招千里魂”，她向来不出远门，此次一去竟是再也不回来了。

身体稍有好转后，朱自清立马赶回扬州为妻子料理后事，他与孩子们抱在一起，失声痛哭。六个孩子，最大的十岁，最小的只有三岁，在幼年便失去了母亲。此时，本就生活拮据的一家人，在丧事之后，更加清贫。

平日里，朱自清操着一口扬州方言，说话又快又急，他脾气暴躁人人皆知，然而与妻子却很少争吵，最大的原因是妻子总默默承受着暴风雨，等他平静下来，夫妻又立马和好如初。

但对于孩子，他的耐心极为有限，每到吃饭的时候，大大小小的孩子围坐过来，这个想吃稀饭，那个想吃干粮，这个呜呜大哭，那个哇哇大叫，吵得他心烦意乱，他惯用的方式就是伸手打一顿了事。武仲谦与他正是截然相反的两种性格，她温软随和，时时都不紧不慢，不温不火。如今，妻子离世，留下这六个嗷嗷待哺的娃娃，朱自清一时自然是招架不住。

他深知妻子的好，自她离开后，对她的思念从未停过。他曾说："我也只信得过你一个人，有些话我也只对你一个人说，因为世界上只你一个人真关心我，真同情我。你不但为我吃苦，更为我分苦；我之有我现在的精神，大半是你给我培养着的。"这一番话，绝对发自肺腑之言，也绝对是真实写照。

有她在身边守护着，他才得以安心投身于事业之中，他才得以享有美满的家庭，他才得以感受到被人深爱的滋味。

如若她还在，就好了。

2. 你是否可知

蔡元培·黄仲玉

致亡妻：

我自行后，念汝病，时时不宁。去年11月26日，在舶中发一无线电于蒋君，询汝近况，冀得一痊愈之消息以告慰，而复电仅言小愈；我意非痊愈，则必加剧，小愈必加剧之讳言，聊以宽我耳，我于是益益不宁。到里昂后，即发一电于李君，询汝近况，又久不得复。直至我已由里昂而巴黎，而瑞士，始由里昂转到谭、蒋二君之电，始知汝竟于我到巴黎之次日，已舍我而长逝矣！呜呼！我之旅行，为对社会应尽之义务，本不能以私废公；然迟速之间，未尝无商量之余地。尔时，李夫人曾劝我展缓行期，我竟误信医生之言决行，致不得调护汝以蕲免于死。呜呼！我负汝如此，我虽追悔，其尚可及耶！

我得电时，距汝死已八日矣。我既无法速归，归亦已无济于事；我不能不按我预定计划，尽应尽之义务而后归。呜呼！汝如有知，能不责我负心耶！汝年爱者，老父、老母也，我祝二老永远健康，以副汝之爱。汝所爱者，我也，我当善自保养，尽力于社会，以副汝之爱。

汝所爱者，威廉也，柏龄也，现在托庇于汝之爱妹，爱护周至，必不让于汝。我回国以后，必躬自抚养，使得受完全教育，为世界上有价值之人物，有的贡献于世界，以为汝母教之纪念，以副汝之爱。呜呼！我所以慰汝者，如此而已。汝如有知，其能满意否耶！

汝自幼受妇德之教育，居恒慕古烈妇人之所为。自与我结婚以后，见我多病而常冒危险，常与我约，我死则汝必以身殉。我谆谆劝汝，万不可如此，宜善抚子女，以尽汝之母之天职。呜呼！孰意我尚未死，而汝竟先我而死耶！我守我劝汝之言，不敢以身殉汝。然后早衰而多感，我有生之年，亦复易尽；死而有知，我与汝聚首之日不远矣。

呜呼！死者果有知耶？我平日决不敢信；死者果无知耶！我今日为汝而不敢信；我今日惟有认汝为有知，而与汝作此最后之通讯，以稍稍纾我之悲悔耳！呜呼！仲玉！

芸芸众生，形形色色各有不同，能有幸遇到今生所爱，是几生几世修来的福气。

1902 年元旦，在杭州，蔡元培与第二任妻子黄仲玉举行了婚礼。婚礼上，东方与西方的文化相结合，他用红幛缀成“孔子”二字，代替传统的三星画轴，前来道喜的宾朋没有闹洞房的环节，改为开演说会的形式，喜庆又热闹。

与第一次婚姻相比，这一次是蔡元培自己的选择，无须遵从父母之命。他与黄仲玉情投意合，不再需要长久的磨合，婚后二人举案齐眉，恩爱有加。夫妻二人似朋友知己，志趣相仿，是生活的伴侣，更是精神的寄托。

兰普来西教授来中国讲学时，蔡元培曾与黄仲玉一道前去拜访，将景泰蓝茶杯二具作为礼物赠予兰普来西教授，黄仲玉还亲自画了一幅《岁寒三友图》送给他。兰普来西教授见到此画后，连连称赞。

婚后不久，黄仲玉与丈夫一道定居上海，不单做他背后的女人，更是与他并肩一起奋斗。蔡元培主张“众议教育之根本在女学”，黄仲玉对此极为支持，她同丈夫及其朋友，一起创办了爱国女学，不但在幕后打理琐碎的事务，还走上讲台，亲自授课。

夫妻二人志同道合，为了共同的理想信念而努力，生活上互相照顾，事业上彼此扶持，这样的婚姻不但有爱情的维系，还有肝胆相照的义气做支撑。

1904 年，黄仲玉在上海生下女儿威廉；1907 年，在绍兴生下儿子柏龄。一个女儿，一个儿子，凑成了一个“好”字。儿子出生这一年，在妻子的理解和支持下，蔡元培远赴欧洲留学，他这一走，家里的全部重担便落在了黄仲玉的肩上。

心中有暖光，就不惧怕苦和累，黄仲玉便是如此，她深知丈夫的理想抱负，去欧洲留学是他多年来的心愿，她愿意充当他坚实的后盾，免去他的后顾之忧。

得到妻子的大力支持，蔡元培才得以安心去往异国他乡。在留学期间，他潜心治学，笔不停耕，收获颇丰。由他编著的《中国伦理学史》，展现了他思想的转变，摒弃了大男子主义思想，转变为寻求妇女平等权利而斗争。他的改变与成就，与妻子黄仲玉的奉献息息相关。

1921 年，蔡元培前往德国，这一次不再是孤身一人，黄仲玉与子女都随他同去。1913 年 6 月，在孙中山先生的邀请下，夫妻二人返回国内，参加“二次革命”。9月，革命以失败告终，夫妇俩不得不流亡法国。

颠沛流离的日子里，黄仲玉一边照料儿女的饮食起居，一边大力支持丈夫编书，忙碌之余，她还与丈夫一起学习法语。这段时光虽然辛苦，却又格外温馨。

1914年，一战爆发，蔡元培一家只好前往西部乡间躲避战乱。半个月后，又迁往附近的小镇圣多耐，安稳日子没过几天，又搬至法国南部城市都鲁士，一波三折后，才得以过上安定的生活。

一次又一次地搬家，让一家人身心俱疲，即便如此，蔡元培始终不曾停下编著工作。在不断搬迁的过程中，他完成了《哲学大纲》一书的编译，并且开始对《石头记索隐》进行考证。动荡或安稳，他的身边始终有黄仲玉的陪伴，无怨无尤。

陪伴是最长情的告白，虽一言未发，却足以见爱之深切。长久的爱情，正是来自朝朝暮暮的陪伴和呵护，浓情蜜意融化在生活中的点点滴滴，一日三餐是爱，早晚的问候是爱，默默的陪伴也是爱。

1916年，终于等到苦尽甘来。6月，袁世凯死后，国内政局跌宕起伏，最终走向有利的局面。时任教育总长的范源濂致电蔡元培，力邀他回国担任北京大学校长一职。对蔡元培而言，这是绝佳的机会，他没有理由拒绝。

1916年10月，蔡元培与妻儿一道抵达北京，由此开启了一生中最为辉煌的岁月。上任后，他大力推进各项改革，可谓卓有成效。在他的努力下，原本是封建学堂的北京大学，转而成为新的教育标杆，焕发着蓬勃的生命力，与以往大为不同。

望着丈夫饱满的热情，黄仲玉决心以自己的方式支持他，于是放弃了自己的书画爱好，全身心投入家庭中，悉心照料丈夫和子女，日夜操劳家务。家里家外被她打理得井井有条，可是她自己却病倒了。

1920 年 9 月，蔡元培即将启程前往欧美考察教育，学术研究。与此同时，黄仲玉已经染上沉疴，经过医生的一番治疗，病情忽好忽坏。考虑到丈夫临行在即，她不忍耽搁他的行程，一边积极配合医生诊治，一边仔细地为他整理行装，不断宽慰满心担忧的丈夫。

为了能让蔡元培放心，黄仲玉住进北京一家法国人办的医院进行治疗。蔡元培满心欢喜地期待着与妻子重聚，却不料都未能见她最后一面。1920 年 11 月 24 日，蔡元培在上海登船前往法国。1921 年 1 月 2 日，黄仲玉已是病入膏肓，没能坚持到丈夫回来便与世长辞，时年 45 岁。

听闻噩耗时，蔡元培刚刚抵达日内瓦，他与妻子远隔千山万水，向来都是她伴他左右，如今她魂断之时，他却不能在她身边守护。悲痛之情溢于言表，他要对她说的话还有很多，想要与她共度的日子还有很多，此时此刻却要接受她离世的消息。

怀着不可抑制的悲伤，蔡元培挥笔写下《祭亡妻黄仲玉》一文，她的一切都那般美好，在他心中，她“善书、善画、善为美术之天才”“孝于亲，睦于弟妹，慈于子女”“常克勤克俭，以养我之廉，以端正子女之习惯”“爱我以德，无微不至”……

与他说了“你好，请多多指教”，却没来得及说“再见，请多珍重”，这或许是黄仲玉唯一的遗憾吧。不过，她应当相信，她的种种心意，他都会懂，即便她没有说。

3. 只道是寻常

蔡元培·黄仲玉

致亡妻：

呜呼！仲玉，竟舍我而先逝耶：自汝与我结婚以来，才二十年，累汝以儿女，累汝以家计，累汝以国内、国外之奔走，累汝以贫困，累汝以忧患，使汝善书、善画、善为美术之天才，竟不能无限发展，而且积劳成疾，以不得尽汝之天年。呜呼！我之负汝何如耶！

我与汝结婚之后，屡与汝别，留青岛三月，留北京译学馆半年，留德意志四年，革命以后，留南京及北京阅月，前年留杭县四月，加以其他短期之旅行，二十年中，与汝欢聚者不过十二三年耳。呜呼！孰意汝舍我如是其速耶！凡我与汝别，汝往往大病，然不久即愈。我此次往湖南而汝病，我归汝病剧，及汝病渐痊，医生谓不日可以康复，我始敢放胆而为此长期之旅行。岂意我别汝而汝病加剧，以至于死，而我竟不得与汝一诀耶！我将往湖南，汝恐我不及再回北京，先为我料理行装，一切完备。我今所服用者，何一非汝所采购，汝所整理！处处触目伤心，我其何以堪耶！

汝孝于亲，睦于弟妹，慈于子女。我不知汝临终时，一念及汝死后老父、老母之悲切，弟妹之伤悼，稚女、幼儿之哀痛，汝心其何以堪耶！汝时时在纷华靡丽之场，内之若上海及北京，外之若柏林及巴黎，我间欲为汝购置稍稍入时之衣饰，偕往普通之场所，而汝辄不愿。对于北京妇女以酒食赌博相征逐，或假公益之名以鹜声气而因缘为利者，尤慎避之，不敢与往来。常克勤克俭以养我之廉，以端正子女之习惯。呜呼！我之感汝何如，而竟不得一当以报汝耶！汝爱我以德，无微不至。对于我之饮食、起居、疾痛、疴养，时时悬念，所不待言。对于我所信仰之主义，我所信仰之朋友，或所见不与我同，常加规劝，我或不能领受，以至与汝争论；我事后辄非常悔恨，以为何不稍稍忍耐，以免伤汝之心。呜呼！而今而后，再欲闻汝之规劝而不可得矣，我惟有时时铭记汝往日之言以自检耳。汝病剧时，劝我按预约之期以行，而我不肯。汝自料不免于死，常祈速死，以免误我之行期。我当时认为此不过病中愤感之谈，及汝小愈，则亦置之。呜呼！岂意汝以小愈促我行，而竟不免死于我行以后耶！

生命中有太多次奔赴离别，有生离，亦有死别。料定此生再难相见，所以才会有撕心裂肺的痛苦。此次一别，即是永别。

死亡或许并不可怕，生与死周而复始，在不可抗拒的自然规律面前，唯一能做的便是坦然接受。只是，活这一世，遗憾在所难免，尤其是曾说要白头偕老，如今却不得不先走一步。

妻子黄仲玉的去世，让蔡元培悲恸欲绝，他声泪俱下，以文字祭奠爱情。

一生之中，蔡元培有过三次婚姻，黄仲玉是他的第二任妻子。第一次婚姻，与旧时代脱不开关系，奉父母之命、媒妁之言，他与王昭成亲。这是母亲选中的人，他没有任何发言权，甚至婚礼前都未曾与即将过门的妻子见过面。

在旧式婚姻面前，没有机会谈论个人感受，爱或不爱，可以直接忽略。父母认可才是最重要的，至于结婚的两个人是否合拍，并不在考量婚姻的范围内。

1889 年，蔡元培与王昭完婚。婚姻之中少了爱情，生活只剩下日复一日的寡淡。

婚后的头几年，蔡元培如同木偶一般，被婚姻的契约所束缚，被动地担负起丈夫的义务，无半点心甘情愿。毕竟人是感性动物，随着时间的流逝，感情也是可以培养并积累的。当王昭为他陆续生下两个儿子后，蔡元培才慢慢对妻子有了些许情感，才逐渐意识到这便是夫妻生活。

王昭的一言一行皆透着旧社会的痕迹，她谦卑地称丈夫为“老爷”，在她的意识中，丈夫是高高在上的，而她自己却卑微如尘土。蔡元培是民主进步人士，妻子如此唯唯诺诺，他自然感到不自在，有时会嘱咐妻子：“你以后可不要再叫什么‘老爷’，也不要再称什么‘奴家’了，听了多别扭呀?”王昭只是恭顺地说：“唉，奴家都叫惯了，总是改不过来呢。”

1990 年，蔡元培受西方新思想的影响，对女权的定义有了新的感悟，他写下《夫妻公约》，以此调整夫妻二人的关系。这时，他与妻子结婚十年有余，早已成了老夫老妻，从最初的排斥抵触，到如今的和睦恩爱，俨然是幸福的婚姻。

蔡元培曾坦诚道："伉俪之爱，视新婚有加焉。"人心会随着时间改变，其中必然是经历了许多温暖的事，所以才会由一个极端转向另一个极端。

中日甲午战争后，蔡元培悲愤难耐，于是由京返乡，决心走"教育救国"之路。令他担忧的是，妻子回乡后常低烧不退，口渴饮水后即呕吐，最终不治而亡，时年 35 岁。短短一生，但愿是满满的幸福。

王昭生前曾问："人死后之幽灵当居何处？"蔡元培在挽联中写道："有子二人，真灵魂所宅耳。"即便死去，灵魂仍有安身之所。

这一年，蔡元培 33 岁，在江浙一带已颇负盛名。如此优秀的单身汉，自然少不了仰慕者和追求者，上门提亲的人络绎不绝。纷沓而来的媒人让他颇为苦恼，于是挥毫泼墨，郑重写下一张征婚启事，并将其贴在书房的墙壁上。他对未来的妻子提出五个条件：第一是不缠足的女性；第二是识字的；第三是男子不得娶妾、不能娶姨太太；第四，如果丈夫先死，那么妻子可以改嫁；第五，意见不合可以离婚。

放眼当时，这样的条件是极为新奇的，原本热情高涨的媒人们，看到他的征婚启事后，纷纷主动弃权。

或许是月老早已牵好了红线，蔡元培在无意间觅得了好姻缘。

在杭州办学时，有一天在朋友家小聚，偶然看到一幅工笔画，无论是线条还是题字，都极具风范。他赶忙打听作者是谁，原来是江西名士黄尔轩的女儿黄世振，又名仲玉。黄仲玉在书香门第长大，自幼耳濡目染，精通书画，而且不曾缠足，每一条都极其符合蔡元培心目中的人选。

得遇良人，蔡元培毫不含糊，他向朋友坦露心迹，希望朋友能够从中撮合。叶君听闻他的一番肺腑之言，也有意帮忙。不久后，蔡元培托朋友为媒，去黄家提亲。

此前，黄仲玉早已听说过蔡元培的五条择偶条件，对他的人品和见识钦佩不已，此刻他竟有心于自己，她也不是忸怩之人，于是欣然应允。

姻缘天注定，只是当时只道是寻常，殊不知阴阳相隔的那一日来得如此之快。所幸，有过美好，分离便不算是最悲伤的事。

3. 不藏秘密

梁启超·李惠仙

蕙仙鉴：

得六月十二日复书，为之大惊，此事安可以禀堂上？卿必累我挨骂矣；即不挨骂，亦累老人生气。若未寄禀，请以后勿再提及可也。前信所言不过感彼诚心，余情缱绻，故为卿絮述，以一吐其胸中之结耳。以理以势论之，岂能有此妄想。吾之此身，为众人所仰望，一举一动，报章登之，街巷传之，今日所为何来？君父在忧危，家国在患难，今为公事游历，而无端牵涉儿女之事，天下之人岂能谅我？我虽不自顾，岂能不顾新党全邦之声名耶？

吾既已一言决绝，且以妹视之，他日若有所成复归故乡，必迎之家中，择才子相当者为之执柯（吾因无违背公理，侵犯女权之理。若如蕙珍者岂可屈以妾媵。但度其来意，无论如何席位皆愿就也。惟任公何人，肯辱没此不可多得之人才耶），设一女学校，使之尽其所长，是即所以报此人也。至于他事，则此心作沾泥絮也久矣。吾于一月来，游历附近各小埠，日在舟车鞍马上，乡人接待之隆，真使人万万不敢当。然每日接客办事，元一刻之暇，劳顿亦极矣。卿来信所嘱，谓此事若作罢论，请即放过一边，勿常常记念，以保养身子云云。此却是卿过虑之处。曾记昔与卿偶谈及，卿问别后相思否？吾答以非不欲相思，但可惜元此暇日耳。于卿且然，何况蕙珍？在昔且然，何况今日？惟每接见西人，翻译者或不能达意，则深自愤恨，辄忆此人不置耳。近亦月余不见此人，因前事颇为外人所传闻，有一问者，吾必力言并无其影响，盖恐一播扬，使蕙珍难为情也。因此之故，更避嫌疑，不敢与相见。今将行矣，欲再图一席叙话，不知能否也。

拳匪陷京津，各国干涉，亡国在即，吾党在南，不识能乘时否？嗟夫！嗟夫！吾独何心，尚喁喁作儿女语耶。再者，卿来书所论，君非女子不能说从一而终云云，此实无理。吾辈向来倡男女平权之论，不应作此语。与卿相居十年，分携之日，十居八九，彼此一样，我可以对卿无愧，虽自今以后，学大禹之八年在外，三过其门而不入，卿亦必能谅我。若有新人双双偕游各国，恐卿虽贤达，亦不能无小芥蒂也。一笑！吾虽忙杀，，然知卿闲杀闷杀，故于极忙之中，常不借偷半夕之闲，写数纸与卿对语。任公血性男子，岂真太上忘情者哉。其于蕙珍，亦发乎情，止乎礼义而已。

夫妻之间最该坦诚相待，彼此之间不藏秘密，尤其涉及感情方面。任何事都不该有所隐瞒，你是我，我是你，彼此心意相通。

关于坦诚，梁启超堪称典范。

1899 年，梁启超在康有为的邀请下，奔赴美国檀香山办理保皇会事宜。一天，檀香山一位加入保皇派的侨商在家设宴款待梁启超，本是寻常之事，却机缘巧合，产生了一段感情纠葛。

在檀香山做演讲时，何惠珍为梁启超担任翻译，二人皆是才情满怀之人，在默契的配合下，演讲尤为精彩。在才华横溢的梁启超面前，何惠珍显露出难得一见的娇羞，她已经深深爱上了他，热火在她心中燃烧，她需要让他知道这一点。

活动结束后，她鼓起勇气，向他倾诉了爱慕之情："今生今世，我之心唯有先生……"面对突如其来的告白，梁启超很是淡定，他明确表态："不行，我家中已经有妻子了。"没有模棱两可，没有犹豫不决，梁启超果断干脆地拒绝了何惠珍。

遭到拒绝后，何惠珍不闹不怒，甚至没有丝毫沮丧，相反，她因梁启超的忠贞而感动。一旦生了情，便不易再从心底删去。

何惠珍不同于旧社会的妇女，她是大胆热烈的，恋上梁启超后，她不会坐以待毙。为了赢得他的好感，她不惜请父亲捐钱给康、梁的保皇事业，并且借以谈捐款事宜为由，设宴邀请梁启超前来参加，只为见他一面。

梁启超虽已明确表示不会接受何惠珍的感情，何惠珍却痴心不改。这一次，她竟然提出："我情愿下嫁梁先生做小。"这让梁启超颇感意外，她的义无反顾令他感到震惊。就他所知，何惠珍毕业于美国名牌大学，她有自己的骄傲，却甘愿做他的小妾，可见她对自己确有深厚的情意。

如此优秀的女人，若是真的与之发展下去，未尝不是好事。然而，梁启超始终保持着清醒的头脑，他想到的是自己与妻子李惠仙的相濡以沫，他爱着妻子，怎忍为此而伤了她的心呢。左右为难之际，他决定将此事告知妻子，他写道："余归寓后，愈益思念惠珍，由敬重之心，生出爱恋之念来，几乎不能自持……不知惠仙闻此事将笑我乎？抑恼我乎？"

换作是旁人，或许做不到梁启超的坦诚，原本他大可随心所欲，但他没有。

之所以写信给妻子，一是不想对她有任何隐瞒，二是想到妻子见信后，必然会恼火，从而数落他一顿，如此一来，他便可以打消之前的念头。然而，李惠仙却没有如梁启超设想的那样破口大骂，而是回复给他一首《关雎》："窈窕淑女，君子好逑……"李惠仙很大度，她意在成全他与何惠珍的感情。她在信中写道："我远在日本，不能照顾，先生身边若有个情投意合的何小姐照顾，岂不更好？"

李惠仙甘愿成全，梁启超却感到万分惭愧，他把信转给何惠珍。何惠珍看过后，为李惠仙的态度感到高兴，她对梁启超说："惠仙姐贤德，我就向她学习，我们就做先生身边的娥皇、女英吧。"

梁启超一言未发，默默提笔写道："一夫一妻世界会，我与浏阳实创之（'浏阳'指谭嗣同）。尊重公权割私爱，须将身做后人师。"这首诗为何惠珍所作，他再次拒绝了她。何惠珍冰雪聪明，岂会不懂他的意思。她没有苦苦纠缠，而是转身离开。

事后，梁启超将何惠珍亲手织的一把小扇寄给妻子，请她为其保管。他与何惠珍的感情，或许有了开始，却无论如何都不会有结果，这是他对妻子的尊重，也是对这些年来夫妻感情的尊重。

1924 年 9 月，李惠仙因病逝世。梁启超伤心欲绝，那个从始至终默默支持着他的人，永远离开了他。这时，何惠珍得知李惠仙病逝后，第一时间来到梁启超身边，除了劝他节哀顺变，更是希望能与之再续前缘。满心期待的她，这一次又失望而归。面对何惠珍的真情，梁启超以“年迈不想再婚”为由再次拒绝了她。

一而再再而三的拒绝，都未能让何惠珍却步，她又多次登门拜访，想要诉说衷肠，梁启超却没再给她机会，始终避而不见。心灰意冷下，何惠珍只好作罢，求而不得的感情，终是一颗苦果。

对梁启超而言，旧爱与新欢，他更倾向于前者。李惠仙与他一起经历了清末民初的种种动荡，在惊涛骇浪中，是她在身边给他安慰和鼓励，夫妻二人结伴前行，荣辱与共，若是没有她，旧时光将不堪回首。

她是他的妻子，也是他的伙伴，她替他抄录文章，每当他有新的文章，她皆是第一个读者，她了解他的辛苦，见证了他的成功，他不能舍弃这份感情。对于他的事业，她更是鼎力相助，追随他东奔西跑，来到上海创办《时务报》，创办女子学堂，并担任提调（校长），成为中国第一位女学校长。

梁启超与李惠仙，在同一段岁月中，携手并肩，闯过大风大浪，得以有彼此的成长。他们血脉连在一起，心也连在一起，是旁人难以取代的。

但愿真心换真心，如梁启超与李惠仙这般。

5、相隔阴阳，无绝期

恽代英·沈葆秀

葆秀大鉴：

卿爱读吾书札。吾去年往庐山，曾数与卿书，卿心甚悦，岂意今日致卿以书，乃与卿幽明隔世耶？自卿弃吾以去，吾每夜不得卿入梦，窃意卿不致恝然于我。如此吾心中近来不知是何味，每日惟愿他人替我作事，又愿嬲伯文兄弟等谈心。吾万不料卿之舍予如是之速，而前日与卿所要约之事，一切尽成虚空也。

……

相爱之人，不怕天不怕地，不惧惊涛骇浪，不畏千山万水，唯一怕的是阴阳相隔。

没有感情，可以慢慢培养，日久生情并非不可能。只是，人一旦没了，就走到了真正的尽头。

好不容易，恽代英与沈葆秀扭转了旧式婚姻的不利局面，过上了恩爱的夫妻生活，可偏偏天不遂人愿，硬生生地拆散了这桩姻缘。

1918 年年初，恽代英夫妇满心欢喜地等待宝宝降临，然而为人父母的幸福还未成真，厄运却先行一步。2 月 25 日，沈葆秀因难产而死，年仅二十二岁。喜事变丧事，新生命刚刚光临，妻子的人生却走到了最后一程，留下嗷嗷待哺的孩子和伤心欲绝的丈夫。

他深爱着妻子，这一点毋庸置疑，哪怕曾经冷眼相对，却不妨碍如今的恩爱。妻子的去世，让他的身心备受打击，他无法接受年轻的妻子就这样离开了人世。正是风华正茂之年，恽代英承受着丧妻之痛，整个人再不似从前爽朗，他整日精神恍惚，茶不思饭不想，任由自己沉浸在无边无际的悲伤之中。

阳光大好，仍止不住他心头的阴霾，世间从此再无沈葆秀，再无他的妻子，再无他的爱人。切肤之痛，旁人是难以真正体会到的，安静的表象下，忧愁翻涌澎湃，叫人难以抵抗，又或者，是不想抵抗。

妻子已经不在，儿子就是他与她之间最大的关联，为了纪念亡妻，他为儿子取名为“秀生”。他要时时刻刻念着她，她的音容笑貌依旧鲜活，她可以先走一步，他却不会就此忘了她。天大地大，有她陪伴的人生才最畅快。

醉过方知酒浓，爱过方知情深。爱妻走后，恽代英跪在岳父面前，一字一顿地说：“葆秀走了，代英今生不再娶妻！”他在当天的日记中写道：“吾此弦已断，决不复续。向如我死彼存，彼岂能复嫁？则我岂能复娶乎？且吾昔日已与葆秀不啻要约数百回矣！”

曾经爱她，如今爱她，今后也爱她，唯有她一人，能够得到他全部的深情。

睹物思人，望着妻子的遗物，他心如刀割，决定将一小部分留作纪念，剩下的则全部变卖，将所得款项以妻子的名义捐给慈善事业。

2 月 27 日，悲痛仍在持续，甚至愈演愈烈。恽代英为妻子撰写了一幅挽联，全文长达一百四十余字，字字泣泪：“念汝端肃聪明，豪爽似男儿，婉柔似室女。好诗书，通情理，志道德，原谓将来，黾勉同心，用全力造福社会，造福家庭。岂意汝如许年华，竟因这一块肉，舍予而去；自此丁零寂寞，承欢失贤助，治内失良妻。思往事，睹旧容，抚遗婴，只看目前，张皇万状，更无法处置丧礼，处置庶处。回忆此三载姻缘，难禁我万行泪，怆然以悲。”

曾有多少深情，而今便有多少悲痛；曾脉脉深情，如今却肝肠寸断。

1917 年夏天，恽代英参加基督教青年会在庐山举办的夏令会期间，因思念爱妻，曾给妻子写过几封信，这让妻子甚是高兴。想到这件事，他赶忙找来纸笔，开始诉说衷肠。

妻子刚刚过世，恽代英还未能从悲伤中缓过来，28 日清晨，刚来到人间不过四天的儿子夭折了。晴天霹雳，一次接着一次，他已经失去了妻子，又失去了儿子，唯独留下自己孤零零活在这世上。

3 月 6 日，恽代英的父亲从安陆赶回，他向父亲表达了不再续娶的意愿。开明的父亲并未恼火，只是说“单身过一辈子恐怕不合适”，他回答道：“假如我先葆秀而死，她会改嫁吗？既然封建礼教要求女子为夫守贞，为什么做丈夫的就不可以为妻守贞呢？”

恽父自知儿子脾气秉性，与他相争必然不会有收获，父亲想了一下，既然发誓不再娶妻，那就纳妾或者找一个贴身丫头，毕竟“不孝有三，无后为大”，誓言不可破，不孝的名声也要尽量避免。在父亲一番苦口婆心的劝说下，恽代英依旧坚持己见。

他对她的爱，是真的，说过的话也是算数的，若不是她陪在身边，他宁可孤身一人直至终老。

6. 愿为你独身孤老

恽代英·沈葆秀

吾书此时，汝所生之儿尚健在，以吾心绪不宁，故久搁笔，今续书此时，汝儿又夭。他人言，汝挈彼而去，彼诚在汝侧，慰汝寂寥。卿去时，吾已跪于岳父前申明不复娶。此事在汝生前屡与汝言之。近来他人宽慰我者，其言语常为我留续娶地位。父亲大人尚未归，此事尚须经一大奋斗，然吾意已决，应终不致负卿。吾不续娶，在家庭固恐内主无人，然卿既弃予，予何从得如卿之女子？且即得此等女子，予何能忍于负卿而另寻新好乎？

生死由天，这一点恽代英不愿承认却不得不承认。

妻子去世后，恽代英失魂落魄，他为她守灵，慢慢去接受残忍的现实。半个月后，恽代英强撑着，开始回归正常的生活。

恽代英曾向妻子承诺，有朝一日会开办一家“葆秀大工厂”，以此接纳贫穷妇女，为她们提供一个自谋生活的出路。如今，对他而言，兑现承诺是最重要的事情。

想要开办工厂，首先要有资金支持，没有足够的本金，一切都如同纸上谈兵。为了凑够启动资金，他在暑期开办了一个英文私塾，招收 13 至 20 岁的青少年，学费是每人每月五元。他向来做事严谨，为了顺利完成筹资的任务，他为私塾制订了详细周全的办学计划，并且一丝不苟地执行下去。

万事开头难，迈出了第一步，接下来便是考虑开办工厂的具体事宜。他拟定了大致的规划：资金方面，“此工厂得基本金五十元以上即可渐求进行，但不必提明工厂之名”，“至得资金四五百元即可起始办工厂一矣，但成效未昭不用‘大’字”；经营方面，“缝衣、织袜，乃至织布、造物、刺绣”；工厂的性质相当于“女子职业学校”，“不收学费且可膳宿，但规矩必严，既不与男子混，亦必使合卫生”；工厂规划方面，“悬葆秀像于大堂（车间）上，出品即以葆秀像为商标”；管理方面，“最妙得葆秀之三妹主其事，而仲清与吾均能襄助为理”。

脚踏实地一步步来，这个工厂不单是为了兑现曾经的承诺，还有埋藏在他心底的“强国梦”，以实业救国，以实践探索推动社会改良的最佳途径。“葆秀大工厂”凝聚着一个丈夫对亡妻的深情，也承载着一个有志青年对国家的理想。

对妻子的思念之情，从未有所递减。当好友黄负生夫妇找到恽代英，请他为两个孩子取名时，他不由自主地又陷入浓烈的悲伤之中。胸口阵阵隐痛，他在日记中写道，“负生有意以其子教育将来托我之意”，“惜乎！葆秀往矣，不然吾将与之合力，谋吾自己儿女之教育”。若是她还在，该有多好。

风华正茂，孤身一人，自然少不了上门提亲的人。面对络绎不绝的媒人，恽代英一概回绝，不留半点商量的余地。恽代英第三次致信给亡妻，他告诉她："有人为余说媒，余颇呈不悦之色而罢。现余镌'葆秀忠仆'图章，以见志，想此后应无以此等事相扰者也。"

无论她是生是死，他甘愿做她虔诚的信徒、忠诚的奴仆，此生忠贞不渝，绝无二心。

不久后，恽代英从中华大学文科系毕业，按照先前的计划，他即将启程前往上海，在那里寻一份工作。不过计划赶不上变化，在他还未动身前，中华大学的校陈时、学监李式金第一时间找到他，有意聘请他为中华大学附中教务主任，等同于校长一职。早日步入社会是恽代英的心愿，如今机会就在面前，他毫不犹豫地接受了校长的聘请，信心满满地准备大展宏图。

有了开心的事，恽代英首先想到的是与爱妻分享，于是他提笔给她写下了第四封信，这也是给她写的最后一封信。不是因为不再思念，而是学校的事务繁忙，又要抽时间探讨对教育、社会的改良之法，想要对妻子说的话只得埋在心底，默默说给她听。

文字是他悼念亡妻的一种方式，写或不写，都并不影响他对她的思念。夜阑人静，忙碌了一天后，疲惫的身躯卧于床上，他时常想念过去的种种时光，他与她从冷漠疏离到相亲相爱，再到阴阳相隔，每每念及，有温暖亦有心酸。

当沈葆秀逝世一周年时，恽代英百忙之中，抽出时间为亡妻写了一篇日记。全文由英文写就，他的学生郑南宣、胡治熙为其翻译成中文："今天，我把我的爱妻悼念。去年的这一天，孩子刚呱呱落地，她还没有来得及看一看自己的儿子，就阖上了双眼。是儿子销蚀了她宝贵的生命，也夺走了我半生的幸福。从我们的婚礼到她悄然逝去，我将永远把她怀念。”

有她在的日子才叫幸福，如今她已离开许久，他一个人行走在世间，代她完成心愿，代她看世界的种种变化。她的肉体不复存在，可她的灵魂与他同在。

曾与她相爱，一个人也不会觉得孤独。

7. 十年

恽代英·沈葆秀

葆秀赐鉴：

别汝百日矣。吾终日碌碌似汝在时，然心中未尝不思卿。吾无福之人，不能终有有家之乐，又荒疏愚拙，使卿不免死于非时……闻卿在冥间尚不得安，未知信否？幽明路隔，惦念无似，惟愿安心忍守，吾等心如金石，终有相见之期。吾必不负卿，此心可矢天日，卿可不必多疑。前曾致二书于卿，未知收到否……

世界上不怕孤独的人很多，即便孤身一人，他们依旧能够找到慰藉心灵的力量。

妻子沈葆秀去世后，恽代英发誓，今生不再续娶，纵使上门说亲的人络绎不绝，他都未曾改变心意。十年间，他恪守自己的誓言，不管世事如何变迁，他依旧固守着对亡妻的爱。

十年的时间，日月不知有过多少轮回，恽代英独身一人，全身心投入工作中。十年之后，曾经坚持的信念有了些许改变。

1919年，五四运动爆发，恽代英以突出的才干和过人的胆识，成为武汉地区学生的领袖。5月上旬至6月中旬，他带领武汉大中学校的数千名学生，多次上街游行并派发传单，积极声援北京的学生运动。他们高呼爱国口号，强烈要求“外争国权，内惩国贼”，大家团结一致，积极争取斗争的胜利。功夫不负苦心人，正义终是战胜了邪恶。

五四运动的影响是深远的，暂且不论对中国局势的发展有何改变，单说对恽代英的影响是巨大的。他的世界观和婚姻观由此发生了变化，尤其是婚姻观，较之以往有很大不同。

7月6日，他给朋友汪强回信，表示自己之所以坚持独身是为了“矫正世俗”，他“主张恋爱自由，为人类（无论男女）解除一切束缚”。11月份，他在《彻底的研究》一文中说：“恋爱自由，无论是素质的恋爱，感情的恋爱，乃至盲目的恋爱，都应该有他的自由。”无论何种恋爱，无论怎样的感情，都值得尊重，并且享有自由。

一切都在悄无声息中变化着，或许与过去相冲突，但未必不是好事。

1923年8月，中国社会主义青年团第二次全国代表大会在南京举行，恽代英被选为团中央候补委员，不久后当选为中央委员。随后，他前往上海，与邓中夏联手创办了团中央机关刊物——《中国青年》。

为了帮助广大青年了解国内形势，改变他们守旧的观念，激励他们勇于走向救国救民之路，恽代英每月都会积极撰写文章并发表在《中国青年》上。《中国青年》产生了广泛影响，举国上下的热血青年由此踏上了无产阶级革命道路，他们立志于改变国内现状，救国救民于水火之中。

沈葆秀的四妹沈葆英，与众多热血青年一样，在《中国青年》的引领下，积极投身革命。沈葆英自小就对二姐夫恽代英敬佩有加，她默默追随着他的脚步，不断学习成长。恽代英带领学生在湖北都督府静坐示威那一年，沈葆英只有 14 岁，为了支援他们，她主动担负起送衣送饭的工作。不久后，为了磨炼她的意志，恽代英还安排她去利群书社和利群毛巾厂打杂。对这个妹妹，恽代英极为用心。

随后，沈葆英考入湖北省立第一女子师范学校，恽代英按时将每期出版的《中国青年》寄给她阅读，不时写信鼓励她发愤图强。恽代英与沈葆英虽不在同一个地方，但彼此间的书信往来从未中断过。

恽代英如同沈葆英的精神导师，他引领她不断前进，寻找实现自我价值的途径。有恽代英在前方领路，沈葆英没有辜负他的一片苦心，不仅学业完成得十分出色，更是在革命活动中表现突出。当她顺利成为一名中国共产党党员时，第一时间写信将好消息告诉恽代英，得知她有所进步，他也感到无比欣慰。

长时间的书信往来，拉近了恽代英与沈葆英之间的距离，他们之间慢慢跨越了亲情，转变为爱情。他们彼此心知肚明，虽然从未明确表露过心迹，但爱情显然已经萌芽生根。

1927 年 1 月 3 日，根据中共中央的指示，恽代英从上海来到武汉，准备参加筹建国民党中央军校（即黄埔军官学校武汉分校）政治科的事宜。抵达武汉后，他首先与沈葆英见了一面，四目相对间，透露着浓浓的情意。

无须多说，他们已经认定了彼此。

对恽代英来说，重新燃起爱火这件事，需要告知亡妻沈葆秀。于是，他与沈葆英来到亡妻墓前，有些话务必要跟她说。

恽代英对着墓碑鞠了一躬，轻声说道："葆秀，你离开人间已有10年，我为你守义也守了10年，却是心甘情愿。我要让那些歧视、不守信义的人看看，人间还有真情在……今天，我已经是一个无产阶级战士了，我党担负着解放全国劳苦大众的重任，我需要亲密的战友和革命伴侣。四妹已长大成人了，她也是个无产阶级战士了，为了实现我们的共同理想，我希望她能和我并肩战斗。你九泉有灵，一定会同意我们的心愿！"

爱一个人，最希望能与之相伴相守，如若无法相伴相守，也希望他能幸福，无论他与何人在一起。或许，这就是爱情，愿他平安喜乐，愿他幸福美满。

1月16日，在武昌得胜桥的家中，恽代英与沈葆英举行了婚礼，朴素简洁，没有任何多余的过场。从今以后，他终是结束了孤身一人的生活，他的身边有了新人陪伴。

如若真要他孤独终老，未免有些苛刻，毕竟人生之路漫长，多一个人相伴，总是好的。

8、永远不会老

胡适·韦莲司

亲爱的韦莲司：

对我来说，你是永远不会老的。我总是把你想成一个永远激励启发朋友思考的年轻的克利福德。我会永远这样想念你的。

就这一点来说，我也还和以前一样年轻。我简直不能相信，你我（在一块儿的时候），我们（会觉得）老。你且等着我，我们再一块儿散步，一块儿聊天，我们再重过年轻的日子！

时间不停，变化不止，多少深情经过岁月的洗礼后，归于平淡。指针移动间，带走了青春，也带走了激情，然而也并非绝对，总有一些人与众不同。

在他心中，她永远不会老，对她的爱恋也永远不会减少，他们的感情不会随着时间的流逝而有丝毫褪色，相反，历久弥新，这就是胡适与韦莲司，值得珍藏一生的感情。

1953 年 7 月 6 日，胡适携夫人江冬秀拜访绮色佳，就住在韦莲司家中。在小住的二十七天中，氛围融洽，让胡适感到舒服，甚至“有点舍不得离开”。

或许有些难以想象，胡适与韦莲司的感情，江冬秀岂会没有耳闻，韦莲司尤为担心“多年来的风言风语”会让江冬秀对她产生“不可理解的误会”，所以事先极为诚恳地给江冬秀写了一封邀请信。当胡适与江冬秀顺利抵达后，她竭尽所能为他们提供体贴周到的照顾，尤其对江冬秀，不愿她在异国他乡感到任何不适。基于这份良苦用心，所以此次看似普通却又略带特殊的聚会，进展得非常顺利。

胡适能够深切感受到韦莲司的善意及关怀，对此，他唯有感激。

1958 年 7 月，胡适即将赴台就任“中央研究院”院长，韦莲司专门为江冬秀准备了一份礼物。她打制了一套银制餐具，并请工匠在餐具上镌刻下“冬秀”两个字，可见她的一片心意。此外，她以谦逊的口吻，给江冬秀写了一封短信：“我感谢你接受像我这样一个没有训练又没有价值的人作为你的朋友。”

1959 年 12 月 28 日，胡适虚岁七十，众人为这位德高望重的老先生做寿，贺礼琳琅满目，而韦莲司准备的生日礼物却最为独特且有意义，她打算用自己一辈子的积蓄为他设立一项基金，以此作为胡适著做出版和翻译的经费。

真爱为何物？不只教人生死相许，更是让人舍得倾尽一生，去追随。唯有在他面前，可以做到忘我和无私，待他如同待己，甚至他更为重要。

到了 1960 年，韦莲司已 75 岁，白发苍苍，腿脚也不似从前矫健。她身体不好，有时甚至不得不卧床，而且她没有亲人照料，孤单单一个人，胡适对此很是放心不下。

她给胡适写信，带着些许伤感说："随着 7 月的到来，我怀着能多看你几眼的希望。天气并不好，我的思绪总是围绕你，不知 3 月初以后，情况如何？"从始至终，她满心惦念的不过只有一个他罢了。

岁月摧毁了她的身体，却不能泯灭她心头的热火。

1960 年 10 月 10 日，韦莲司像往常一般写信给胡适，仍旧饱含深情，她说："上个月你所给我无私而又体贴的关爱，是任何人都承担不起的，而我，尤其不敢当。这幅人间爱的图像将悬挂在我的记忆里，无论我到何处，都将带给我喜悦。不久，你也将回到一个海岛上。不知道在喧嚣过后，他们会不会释放雷震。我会注意这件事和成立第二个政党的新闻。台湾有英文报纸吗？偶尔寄些剪报给我，那是很有趣的事……"

情意犹在，然而这是她写给他的最后一封信了。

1961 年 2 月 25 日，胡适心脏病复发，在医院住了许久。3 月 4 日，胡适在病床上给韦莲司写信，不像从前那般洋洋洒洒，唯有寥寥数语："I am making satisfactory progress.Don´t worry.（病情有好转，别担心。）"

这也是他写给她的最后一封信。

1962 年 2 月 24 日，胡适因心脏病突发逝世。得知噩耗后，韦莲司第一时间给江冬秀拍发了唁电，她用"哺育了千千万万饥饿的心灵的大树"来形容胡适，并由衷地表达了"对这株大树的仰慕"。

1962 年 10 月 15 日，胡适安葬于台北南港旧庄墓园，得知胡适下葬的日子后，韦莲司给他的儿子胡祖望写来一封信，寄托着她深切的哀思："我单纯而又自然想做的一件事是奉上一个小小的不显眼的献礼来纪念这五十年的友谊。这份献礼也许是十朵小花，每五朵分装成一束，也许可以用白色而芬芳的水仙，或类似的花朵。"此外，她再次表示要捐钱给胡适出著作："我想捐一笔钱，作为你父亲文章英译和出版的费用。这件事不必说出去，就简单地汇入"中央研究院"作为这个用途的基金就行了。"

五十年，人这一生或许唯有一个五十年而已，而在这五十载的时光中，她一如既往爱着他，直到他去世，都不曾有改变。

1965 年 1 月，80 岁的韦莲司耗费大量时间，将胡适写给她的信整理出来，并复印一份自己保留，而将原件悉数寄给江冬秀，包括四包信件、电报，一包照片。信件最早的一封是 1914 年 11 月 2 日，最后的一封是 1961 年 4 月 23 日，跨越了四十七年。

随后，她写信给江冬秀，说道："这批信主要谈的是思想、公共事务和他繁忙的工作和旅行，这些资料希望有助于重构他生命中的一些细节。"

对胡适，韦莲司爱得坦坦荡荡，对他的夫人江冬秀，韦莲司没有半点恶意。在胡适去世后，她与江冬秀成为朋友，或许她曾羡慕过、向往过，但无论怎样，她始终怀揣着赤子之心，自由自在地爱着他。

1920 年，韦莲司在信中谈到胡适母亲和江冬秀父亲的死时，曾感慨道："我们常想到你的妻子和孩子，他们都好吗？要是一切都好，那正是我们所乐闻的。……在一天忙碌之后，想到好妻子和家，必定是件快乐的事。"可见，她对江冬秀没有任何敌意，甚至以平和的心态看待她。

1971 年 2 月 1 日，韦莲司在西印度群岛的一次事故中丧生，享年 86 岁。一生之中，她唯有对胡适有过深切且狂热的爱，终生未嫁。

默数过往的光阴岁月，她无悔于执著地爱着他，她拒绝了那些想要与她结婚的人，而唯一想要嫁的人却无法娶她，今生最大的遗憾莫过于此。

遥想曾经，是在韦莲司的影响下，胡适改变了女子教育应造就贤妻良母的观点，“始知女子教育之最上目的乃在造成一种能自由能独立之女子。国有能自由独立之女子，然后可以增进其国人之道德，高尚其人格”。诸如此类的影响，数不胜数，在他心中，韦莲司是新时代女性的典范，然而即便她如此美好，他却无法牵着她的手度过余生。

对他影响至深，对他爱恋至深，天地苍茫间，唯有韦莲司一人。韦莲司一生是幸或不幸，不敢妄加评判，只觉爱到最后无怨无悔，便是最大的幸事了吧。纵然没能相拥相依，却依然能够在他的回应中得到慰藉。

1939 年 6 月 10 日，出于不可抑制的思念，胡适写信给韦莲司，并将为她所作的几首诗一并献上，其中一首《临江仙》云：“隔树溪声细碎，迎人鸟唱纷哗。共穿幽径趁溪斜。我和君拾葚，君替我簪花。更向水滨同坐，骄阳有树相遮。语深浑不管昏鸦，此时君与我，何处更容他?”

不在身边，甚是想念。几十年的感情，全凭双方割舍不下的深情维系着，跨越重山万水，都没能断了音信，这就是爱，纵然相隔再遥远，也有办法寄托相思。

胡适之于韦莲司，是一生之爱，亦是一生之困。

9. 我何以有这样弥久的愿望

高君宇·石评梅

评梅：

由仲一信中函来之书，我接读数日了。当时你正是忙的时候，我频频以书信搅扰，且提出一些极不相关的问题要你回答，想来应当是歉疚至于无地的。

你所以至今不答我问，理由是在“忙”以外的，我自信很可能这样断定。我们可不避讳地说，我是很了解自己，也相当的了解你，我们中间是有一种愿望（旁白：什么话？你或者是这样——）。它的开始，是很平庸而不惹人注意的，是起自很小的一个关纽，但它像怪魔一般徘徊着已有三年了。这或者已是离开你记忆之领域的一事，就是同乡会后吧，你给我的一信，那信具有的只不过是通常问，但我感觉到的却是从来不曾发现的安怡，自是之后，我极不由己的便发生了一种要了解你的心，然而我却是常常提悬着，我是父亲系于铁锁下的，我是被诅咒为“女性之诱惑”的，要了解你或者就是一大不忠实。三年直到最近，我终于是这样提悬着！故于你几次悲观的信，只好压下了同情的安慰，徒索然无味的为理智的劝解；这种镇压在我心上是极勉强的，但我总觉得不如此便是个罪恶。我所以仅通信而不来看你，也是畏惧这种愿望之显露。然而竟有极不检点的一次，这次竟将真心之幕的一角揭起了！在我们平凡的交情，那次信表现的仅可解释为一时的罗曼，我亦随即言明已经消失，谁知那是久已在一个灵魂中孕育的产儿呢？我何以有这样弥久的愿望，像我们这样互知的浅显，连我自己亦百思不得其解。若说为了曾得到过安慰，则那又是何等自私自利的动念？

理智是替我解释不了这样的缘故，但要了解的需求却相反的行事，像要剥夺了我一切自由般强横的压迫我。在这种烦闷而又躲闪的心情之下，我有时自不免神志纷纭。写给你的信有些古怪的地方；这又是不免使你厌烦或畏惧的。你所以不答那些，能不是为了这样吗？

但是，朋友！请你放心勿为了这些存心！不享受的贡品，是世人不献之于神的；了解更是双方的，是一件了解则绝对，否则便整个无的事。相信我，我是可移一切心与力的专注于我所期盼之事业的，假使世界断定现下的心是无可回应的。

我所以如是赤裸的大胆的写此信，同时也在为了一种被现在观念鄙视的辩护，愿你不生一些惊讶，不当它是故示一种希求，只当它是历史的一个真心之自承。不论它所含蓄的是何种性质，我们要求宇宙承认它之存在与公表是应当的，是不当讪笑的，虽然它同时对于一个特别的心甚至于可鄙弃的程度。

祝你好罢，评梅！

很多时候，明明想去爱，却又疑神疑鬼，以为不去爱就可以保护自己免受伤害。心心念念的人就在眼前，却狠下心，非要断了自己的念想。

对感情谨慎，这无可厚非，然而过于谨慎，甚至诚惶诚恐，未免过了头。怕爱错了人，便一意孤行，劝阻自己也劝阻别人，可知真心难得、真情可贵的道理，错过了就会知道，比起情伤的痛苦，错失一个人才最煎熬。

看着高君宇献上的一颗真心，石评梅苦笑着，断然拒绝。初恋的痛楚，依旧真切可感，她对感情存疑，甚至对人生存疑。不是不爱，是不敢爱，止乎于朋友的身份，便可避免一场心灵的虐杀。只是，她忽略了一件事，真情可贵、真爱无敌。

人总是聪明得太迟，时间却总是走得太快。直到高君宇病危的那一刻，石评梅才最终得以正视自我，她是爱他的。不知是君宇之幸，还是不幸，他终于得偿所愿，得到了她的真心，可厮守白头却已是无望。

1925 年，高君宇与这个世界惜别，与所爱之人惜别。这一年，他只有二十九岁。依照他生前嘱托，石评梅将他安葬在陶然亭畔，这是他最爱的地方。

检点遗物时，石评梅忽然发现一片早已干枯的红叶，上面的字迹依稀可见，正面有两句诗，“满山红叶关不住，一片红叶寄相思”，背面则是一句话，“枯萎的花篮不敢承受这鲜红的叶儿”。睹物思人，这是 1923 年高君宇在西山碧云寺静养时寄给她的，他或许满心欢喜地等待她的答复，她却让他伤了心。

回顾昨日种种，石评梅万分悔恨，他一再表忠心，她却一再拒绝。

第一次犯错，是爱错了人；第二次犯错，是错过了对的人。原来错的人一直是自己，白白让他一等再等。如今，往事不能重来，她再也没有机会告诉他，她是爱他的。

高君宇的死对石评梅产生了强烈的影响，她在《缄情寄望黄泉》里写道："我已不是从前呜咽哀号、颓伤消沉的我；我是沉闷深刻，容忍含蓄一切人间的哀痛，而努力去寻求生命的真确的战士。"因为他，她决心脱胎换骨，重新活过。

她在高君宇的墓碑上题写了他生前的诗句，"我是宝剑，我是火花，我愿生如闪电之耀亮，我愿死如彗星之迅忽"，并作《墓畔哀歌》表达刻骨的思念之情："假如我的眼泪真凝成一粒一粒珍珠，到如今我已替你缀织成绕你玉颈的围巾。假如我的相思真化作一颗一颗红豆，到如今我已替你堆集永久勿忘的爱心。我愿意燃烧我的肉身化成灰烬，我愿放浪我的热情怒涛汹涌，让我再见见你的英魂。"

他走了，带着她迟来的爱，带着对她不灭的爱，安睡于地下。斯人已逝，对石评梅而言，她的爱情才刚刚开始。她幡然醒悟，唯有君宇，是她忠诚的情人，是她生命的盾牌，是她灵魂的保护者，她要以毕生时间，来弥补自己的后知后觉。

每逢星期天和清明节，石评梅必会来到陶然亭畔，在高君宇的墓前，倾诉她的爱意。遗憾既已无法追悔，她说"生前未能相依共处，愿死后得并葬荒丘"。

1928 年，悲伤过度的石评梅，因病逝世，年仅二十六岁。按照她的遗愿，一众好友将她与高君宇合葬一处。生前，未能相拥，死后，并肩长眠。

1956年周恩来总理曾经强调保存“高石之墓”，他说“革命与恋爱没有矛盾，留着它对青年人也有教育”。

1982年邓颖超在《人民日报》上发表文章说：“我和恩来同志对高君宇和石评梅女士的相爱非常仰慕，但他们没有实现结婚的愿望，却以君宇同志不幸逝世的悲剧告终，深表同情。……缅怀之思，至今犹存。”

如若有来生，愿他与她，能够痛痛快快爱一场。在恰到好处的时间，互诉衷肠，每一分毫的爱意，都能得到回应。你的所愿，赴汤蹈火以求之。遇到这样待你的人，早些去爱吧。